불꽃세대 예수 심장

불꽃세대 예수 심장

초판 1쇄 발행 | 2017년 6월 30일
초판 2쇄 발행 | 2017년 7월 14일

지은이 | 김현철
펴낸이 | 이한민
펴낸곳 | 아르카

등록번호 | 제307-2017-18호
등록일자 | 2017년 3월 22일
주　소 | 서울 성북구 숭인로2길 61 길음동부센트레빌 106-1805
전　화 | 010-9510-7383
이메일 | arca_pub@naver.com

홈페이지 | www.arca.kr
블로그 | arca_pub.blog.me
페이스북 | fb.me/ARCApulishing

책　값 | 뒤표지에 있습니다
I S B N | 979-11-961170-0-9 03230

아르카ARCA는 기독출판사이며 방주ARK의 라틴어입니다(창 6:15).
네가 만들 방주는 이러하니 … 새가 그 종류대로, 가축이 그 종류대로,
땅에 기는 모든 것이 그 종류대로 각기 둘씩 네게로 나아오리니 그 생명을 보존하게 하라 _창 6:15,20

세상에 압도돼 멈춘 당신 심장을 다시 뛰게 할 영적 심장 충격서

불꽃세대

예수
심장

김현철 지음

Spiritual
AED Book

아르카

기독교는 부활의 신앙입니다. 다시 사는 역사, 은혜의 열매입니다. 나의 죄악의 심장을 멈추고 예수의 심장으로 살아가는 것입니다. 예수님의 심장으로, 열정과 따뜻함으로 사역하시는 김현철 목사님의 글은 펜으로 쓴 것이 아닙니다. 그의 삶 속에 역사하신 예수님의 흔적으로 써내려간 고백입니다. 너무 감사하게도, 그가 예수님의 심장으로 쓴 글이 책으로 나오게 되었습니다. 그의 책을 통해 우리 기성세대는 물론 특별히 다음세대가 예수의 심장으로 살아갈 수 있기를 기도합니다. 어른에서 아이까지 이 책을 함께 읽고 함께 변화될 수 있을 것입니다. **홍민기**_탱크미니스트리 대표, 브리지임팩트사역원(BIM) 공동대표

이 땅의 다음세대들, 그들의 신앙 상태와 삶의 현실이 만만치 않은 상황으로 흘러가고 있습니다. 물질만능주의, 학벌 위주의 경쟁 사회 속에서, 그들은 상상을 초월하는 스트레스를 받고 살아가고 있습니다. 자신을 찍어 누르는 생의 무게를 이 세상이 제시하는 말초적 쾌락과 즐거움을 통해 간신히 버티고 있지만, 그것이 그들의 영혼에 무슨 위로와 유익을 안겨줄까요? 참으로 슬픈 현실입니다.

한편에서는 복된 심장을 가진 사역자들이 다음세대를 위해 수도 없이 일어서서 섬기고 있지만, 다음세대의 심장에 복음이 전달될 수 없는 내용과 방법으로 인해 대부분 사역이 열매를 맺지 못하고 있습니다. 다음세대의 문제를 정밀하게 꿰뚫어보고 그 대안과 방법론을 제시한 사람을 찾아보기 힘든 것이 부인하기 어려운 현실입니다.

사역자 그룹에서 제시되는 수많은 목소리를 한번 정직하게 들어보십시오. 열정이 있으면 깊이와 분석이 약하고, 깊이와 분석이 참신하면 뜨거운 심장이 없습니다. 이것이 우리의 생생한 현실입니다. 여기에, 김현철 목사님이 자신의 목소리를 내면서 등장했습니다. 다음세대와 다음세대의 사역자들이 그의 목소리를 들어야 할 분명한 이유가 있습니다. 그가 제시하는 방법에는 추상적이거나 관념적인 담론이 존재하지 않습니다. 그는 명확한 통계와 축적된 데이터를 통해 다음세대의 현실을 명징하게 이해하고 분석한 다음, 다음세대의 신앙과 삶에 가장 유익한 처방을 내리고 있습니다.

그의 글은 성경적인 가치를 전면에 내세우기 위해 단순히 성경을 나열하는 방식으로 진행하지 않습니다. 성경적인 가치를 다음세대의 심장에 새겨 넣을 수 있는 필치와 내용으로 구성되어 있습니다. 글 하나하나가 정갈할 뿐 아니라, 실제적이고 의미심장하면서 흥미진진합니다. 다음세대를 고민하는 사람이 이 책을 읽는다면, 적어도 사역 자체에 함몰되거나 길을 잃지는 않을 것이라 확신합니다. 다음세대를 위한 우리의 걸음이 어디로 향해야 하는지, 그 방향을 안내하는 나침반의 역할을 김현철 목사님의 글이 넉넉히 감당하리라 확신합니다.

김관성 _행신침례교회 담임목사

김현철 목사님을 알면 알수록, 내가 이분을 사랑하고 존경하는 이유를 정확히 꼽아 말하기가 점점 더 어려워집니다. 알면 알수록 빠져들게 되는 매력이 풍성한 분이기 때문입니다. 이분을 알아갈수록 나는 친구와 함께 있는 것처럼 느끼게 됩니다. 목사님의 지성과 타인에 대한 배려와 이해심을 알면 알수록, 나는 존경하지 않을 수 없습니다.

요즘 사람들이 교회를 떠나고 있습니다. 한국교회 미래가 어두워질 것을 증명하는 현실입니다. 우리가 다음세대의 마음을 사로잡을 수 없다면 미래의 한국 교회 모습은 매우 암울할 것입니다. 차세대 한국에 희망이 있습니까? 만약 우리가 미래의 지도자들을 양성할 수 없다면, 한국의 기독교가 10년이나 20년 후에 어떻게 될지 상상할 수 있을 것입니다. 역사에서도 이와 비슷한 상황이 많았지만, 당시에도 하나님은 하나님의 마음을 간절히 원하는 몇 명을 양성하셨습니다.

저자는 다음세대가 예수 때문에 심장이 뛰는 사람이 되기 위해 노력하는 사람입니다. 저는 이분이 그들을 이해하고 친구가 되어주며, 예수님처럼 목회하며 지혜로 인도할 수 있는 분이라고 믿습니다. 특히 다음세대 청소년과 청년들이 이 책을 읽고 그리스도의 심장 박동을 경험할 수 있기를 기도합니다.

민청 _시카고커버넌트교회(CFC) 담임목사

책의 제목을 보고 어떤 내용이 내 심장을 요동치게 할까 기대하며 순식간에 읽었습니다. 마커스 목요예배모임 중에 심장이 너무 빨리 뛰어 자연스레 무릎을 꿇었던 적이 있습니다. 그때 깨달은 것이 "내 심장은 주를 위해 뛰어야 한다"는 것이었습니다. 심장이 뛰는 한, 주를 위해 살아야 함을 잊지 말자고 결단했습니다. 김현철 목사님의 책을 읽으며 그때가 다시 떠올랐습니다. 50대의 나이에도 여전히 청소년 같고 청년 같은 목사님의 열정과 그들을 향한 사랑이 느껴지는 책입니다. 예수님의 피로 뜨겁고 생명력이 흘러가는 또 다른 성찬의 기쁨과 감격을 누리실 분은 이 책을 꼭 읽으시기를 강! 추! 합니다.

김준영 _마커스 대표

〈예수 심장〉을 읽어가는 내내 우리의 청년 사역이 교회가 아닌 병원 응급실에서 일어나고 있는 치열한 수술 현장이고 치유의 현장이 되어, 세상의 많은 근심과 걱정, 수많은 세상의 유혹으로 인해 상하고 다친 심장을 새롭게 예수 심장으로 고쳐가는 영적 수술의 긴박한 현장인 사실이 보였답니다.

믿지 않는 가정에서 태어났기에, 우리 부모님 세대와 선배와 친구 세대가 늘 그래왔듯이, 저의 심장은 그저 이 땅에서 부와 명예를 얻어 성공해야 한다는 소리에만 뛰고 있었습니다. 그런 제가 고등학교 때 선교단체에서 만난 예수님으로 인해, 이 땅의 소망이 아닌 저 하늘의 소망을 품도록 예수 심장을 이식받았습니다. 그랬기에 지금의 저의 삶과 사역이 있는 것이라고 생각합니다. 또한 지금도 김현철 목사님을 비롯한 수많은 선후배 사역자들과 함께 다음세대에게 예수 심장을 전해주기 위해 치열한 삶을 살아가는 것이 아닌가 생각해 봅니다.

귀한 선배의 글을 통해 다시 한번 다음세대 사역의 소중함을 알아갈 수 있었습니다. 여러분에게도 이 책이 귀한 도전을 줄 것이기에 추천합니다.

임우현 _목사, CTS 라디오 번개탄 진행자

우리는 그리스도인으로서 살아가면서 수많은 그리스도인을 만납니다. 그가 진짜인지 가짜인지는 그가 사용하는 언어와 행동과 태도가 말합니다. 삶이 바탕이 되지 않는 외침은 허공에 맴도는 메아리일 뿐이듯 말이지요.

코스타를 통해 만난 김현철 목사님은 첫 만남에서부터 예수 심장을 품고 있음을 느낄 수 있었습니다. 누구보다 다음세대를 사랑하고 다음세대에 모든 열정을 쏟으실 수 있는 이유는, 그가 던진 부메랑이 언젠가 다시 돌아온다는 것을 확실히 믿기 때문일 것입니다.

형식적으로 교회에 출석하고, 그리스도인임을 고백하면서도 맹목적 신앙으로 의미 없이 살아가고 있는 이 땅의 청소년과 청년들이 이 한 권의 책을 접

함으로써, 어떻게 하나님 나라의 확장에 참여할 것인가에 대해 깊이 성찰할 수 있기를 기대합니다. **박상현** _GMP 탄자니아 선교사, 탄자니아 태권도 국가대표 코치

김현철 목사님은 청년의 심장을 뛰게 만드는 분입니다. 어떤 사람은 이분의 열정, 유머, 통찰, 감성이 그 원인이라고 말할 것입니다. 그러나 이 책의 제목대로 진짜 원인은 '예수 심장'입니다. 김현철 목사님은 교목으로서 학생들의 마음을 행복으로 뛰게 만드셨으며, 목회 현장에서는 성도의 심장이 기쁨으로 뛰게 하고 있으며, 국제 코스타 강사로서 전세계를 다니며 청년들의 심장이 그리스도로 인해 뛰게 만드는 분입니다.

심장이 뛴다는 것은 그 사람이 살아있다는 증거입니다. 심장이 너무 빠르게 뛴다는 것은 갈망 아니면 두려움이 있다는 증거입니다. 우리는 또한 반대로, 갈망하는 것을 얻지 못할까 두려워 떨며 심장이 멈춘 듯 살 때가 얼마나 많은지요. 그러나 김현철 목사님이 말씀한 대로 예수의 심장을 장착한 사람들은 두려움에서 비전으로, 불평에서 감사로 심장의 박동소리가 바뀔 것입니다.

목사님을 만나 메시지를 들은 수많은 청소년이 주께 돌아오고 삶이 변화되는 역사가 일어나고 있습니다. 목사님의 메시지에는 청소년을 향한 주님의 눈물이 있고 사랑이 담겨 있습니다. 목사님과 같은 분이 청소년 사역자로서 이 땅에 계심이 얼마나 감사한지 모르겠습니다.

이 귀한 책은 목사님의 주옥같은 묵상과 메시지를 고스란히 담아놓은 것입니다. 이 시대의 청소년, 청년, 부모님들은 물론, 특히 청소년 사역자들은 반드시 일독해야 할 책입니다. **이상준** _양재온누리교회 담당목사

신앙고백, 혹은 신조를 라틴어로는 '크레도'(credo)라고 합니다. 거기에서 영어단어 'creed'가 왔습니다. '심장을 바치다'는 뜻이지요. 예수를 믿는다고 고백하는 것은 심장을 바치는 것, 즉 목숨을 내건다는 뜻입니다. 다시 말하면

우리 심장을 예수의 심장으로 바꾼다는 말도 됩니다. 김현철 목사님은 예수의 피 묻은 복음을 위해 자신의 심장을 바친 분입니다. 대신 예수의 심장으로 바꿔 달았습니다. 그래서 입을 열면 피묻은 십자가의 복음이 터져 나옵니다. 십자가의 복음은 차가운 심장에 불을 붙입니다. 바로 이 책이 수많은 사람들의 차가운 심장에 불을 붙이게 되기를 소망합니다.

전병철 _아세아연합신학대학교(ACTS) 기독교교육상담학과 교수

심장은 생명입니다. 생명의 리듬을 결정하는 것이 곧 심장이기 때문입니다. '예수님으로 움직이고 살아가는 진정한 믿음의 심장을 가진 그리스도인이 되는 것!' 이 책을 읽는 동안 떠나지 않은 생각이었습니다. 제 대학 학부 선배이시지만, 제가 아는 김현철 목사님은 예수 심장을 가진 분이며, 여전히 열정의 심장으로 살아가고 계십니다. 이 책을 읽어가는 동안 여러분도 그 열정에 감염될 것이라 확신합니다.

강은도 _광교푸른교회 담임목사

예수를 믿기 전에 가치 있게 여겼던 것들이 예수를 믿는 순간 가치 없게 되고, 예수를 믿기 전에 가치 없게 여겼던 것들이 예수를 믿는 순간 가치 있게 변합니다. 내 심장으로 살 때는 세상 것에 흥분하며 박동했지만, 예수 심장으로 수술 받는 순간 예수님의 마음으로 세상을 바라보게 됩니다. 하나님의 관점을 가진다는 것은 바로 이런 것입니다. 하나님이 바라보는 것을 내가 바라보고, 하나님의 마음으로 세상을 이해하는 것이지요. 예수의 심장으로 이식된 사람들은 이렇듯 하나님의 비전을 알게 됩니다.

그러나 이 시대는 고장 난 심장이 참 많은 것 같습니다. 심장이 너무 빨리 뛰거나 너무 느리거나, 때론 불규칙하게 뛰는 사람은 모두 심장이 고물인 것입니다. 이런 심장을 가진 사람들이 세상을 병들게 합니다. 김현철 목사님은 바로 이런 사람들에게 예수 심장이 절대적으로 필요하다고 말하고 있습니다. 내가

그 주인공일 수 있음을 알게 해주는 실제 예화와 성경과 역사적 사실을 적절히 대입해, 독자 자신이 고장 난 심장을 가지고 있는지 스스로 진단할 수 있도록 안내합니다. 만약 심장이 고장 났다면 어떻게 치료받고 회복될 수 있을지, 방법까지 제시해줍니다. 그러므로 이 책은 어른과 자녀 세대 모두에게 아주 유익한 신앙지침서인 것이 분명합니다.

평소 보았던 김현철 목사님의 진솔하고 영혼을 향한 열정적인 모습이 글 속에 고스란히 담겨 있습니다. MSG(조미료)를 가미한 글이 아닙니다. 마치 목사님과 차 한 잔 나누며 기분 좋게 대화할 때처럼 친근함이 묻어 있습니다.

예수의 심장으로 바뀐 사람은 모두 작은 예수입니다. 우리의 정체성은 말로 완성되지 않습니다. 변화된 삶을 통해 예수 그리스도가 나타나는 것입니다. 《불꽃세대 예수 심장》이 여러분을 그 높고도 전혀 새롭게 변화된 삶으로 인도할 것입니다. 이 책을 읽는 독자는 모두 작은 예수가 되어 그리스도인으로서 삶의 진정한 가치를 발견할 수 있으리라 확신합니다.

김인식 _목사, 복음송 '야곱의 축복' 지은이

김현철 목사님을 뵌 지 10년이라는 세월이 훌쩍 넘었습니다. 목사님을 처음 뵈었을 때 든 인상은 끊임없이 노력하는 열정의 사람이라는 것입니다. 오랜 세월이 지난 지금도 목사님은 여전히 한결같은 모습으로 우리 곁에 계십니다. 늘 열정적으로 노력하는 목사님을 참 닮고 싶습니다. 그는 친구처럼, 선생님처럼, 아버지처럼, 목사님처럼, 아이들과 함께 호흡하며 다음세대를 사랑하는 사역자입니다. 그 노력과 열정의 결정판으로 《불꽃세대 예수 심장》이라는 책이 나왔습니다. 지금까지 그의 모든 노력의 축소판이라 해도 과언이 아닐 만큼, 그의 엄청난 노력이 이 책에 담겼습니다.

풍성한 이야기가 담긴 이 책의 모든 결론은 '예수 심장'으로 흘러갑니다. 이 책을 예수 심장으로 살기 원하는 모든 분에게 그리고 사랑하는 청소년에게 권합니다.《불꽃세대 예수 심장》을 통해 모두의 심장이 다시 뛰게 될 것입니다. 비트 어게인, 예수 심장!

배무성 _목사, 위미션 대표.

예수 믿는 사람은 누구나 신학을 공부하지 않았어도 주어진 책임이 있습니다. 성경을 주석하고, 세상 문화를 주석하고, 나 자신을 주석하는 책임입니다. 김현철 목사님의《불꽃세대 예수 심장》은 세상을 예수의 심장으로 바라보도록 안내합니다. 김현철 목사님은 이 책에서 예수의 심장으로 우리를 둘러싼 세상을 해석하는 방식을 보여줍니다.

세상에는 많은 이야기가 있습니다. 김현철 목사님은 하나님의 이야기와 사람들의 이야기, 그리고 자신의 이야기를 연결하는 탁월한 이야기꾼(storyteller)입니다. 뿐만 아니라 목사님 자신의 이야기를 실천하려는 진정성도 소유하고 있습니다. 그렇기 때문에 많은 청소년과 교사, 그리고 청소년 사역자들이 목사님의 이야기에 더욱 귀를 기울이고 있습니다.

이 책은 자신의 삶을 예수 심장으로 해석하기 원하는 청소년과 그들의 부모, 그리고 세상 문화를 예수님의 눈으로 보기 원하는 모든 사역자에게 꼭 필요하다고 판단됩니다. 이 책을 읽으면서 우리 속에 숨어 있는 예수 믿는 사람으로서의 야성이 드러나기를 기대합니다.

마상욱 _교육학 박사, 파워캠프, (사)청소년불씨운동 대표.

예수님의 심장을 품고 살아가는 김현철 목사님을 만나게 해주신 하나님께 감사드립니다! 목사님을 바라보고 있으면 언제나 '주님이 주시는 지혜의 원천수'라는 표현이 느껴집니다. 그 원천수를 거저 가진 게 아님을 목사님을 만날 때마다 알게 됩니다. 언제나 부지런하며, 함께하는 동안에도 매순간 말씀을 놓지 않으시고, 적고 또 적으며 설교를 완성해가는 모습에서 청소년을 너무도 사랑하는 마음이 느껴져 존경스러웠습니다.

　예수 그리스도의 심장으로 산다는 것이 어떤 삶인지 고민한다면 이 책을 반드시 보아야 합니다. 저희 '라스트'도 사역하면서 수도 없이 믿음의 싸움과 경주를 해야 합니다. 그럴 때마다 이 책이 원동력을 충전시켜줄 것입니다. 그리스도의 심장이 왜 나를 살릴 수밖에 없는 심장인지, 디테일한 말씀 해석과 흥미롭고 다채롭게 소개된 사례, 그 이야기 가운데 임하시는 은혜를 통해 예수 심장의 의미를 가득 발견할 것입니다. 언제나 예수님의 심장을 가슴에 품은 김현철 목사님을 축복하며, 이 책을 만나게 될 모든 이들의 가슴에 그리스도의 심장이 요동치기를 소망합니다.

강원구 _찬양 사역팀 LAST 리더

　"나는 심장이 없어. 그래서 아픈 걸 느낄 리 없어. / 매일 혼잣말을 해. / 내게 주문을 걸어. 그래도 자꾸 눈물이 나는 걸…."

　무심결에 흥얼거린 노래 가사처럼 너무 힘들고 아파서 심장이 없다고 말하고 싶은가요? 웃으려고 해도 웃을 수 없어서, 희망도 없고, 비전도 없고, 미래도 없어서 심장마저 없다고 소리치고 싶습니까? 그러나 기억하세요. 하나님이 선택하신 당신입니다! 주님이 부르신 당신의 가슴 속에는 예수의 심장이 있습니다. 이 세상을 다 품을 수 있는 심장이 당신의 가슴속에 있다는 것입니다. 썩은 세상을 바꿀 능력의 심장을 당신이 가지고 있다는 뜻입니다. 언제까지 "미래도, 심장도 없다"고 한탄하며 죽어갈 것입니까? 이제는 예수의 심장으로 다시 뛰어가십시오! 당신의 거침없는 돌진을 막아설 것은 세상 어디에도 없습니다.

　자, 고난도 이기고, 죽음마저 이긴 예수 심장으로 살아갑시다! 김현철 목사님의 《불꽃세대 예수 심장》이 진정한 예수의 심장으로 살도록 이끈다는 것을 믿고 이 책을 펼치십시오. 그때 내 속에서 요동치는 그분의 심장을 누리게 될 것입니다.

궁인 _호치민 지구촌교회 담임목사

무엇이 우리의 심장을 뛰게 합니까? 이 책은 예수님이 이 땅의 다음세대를 바라보실 때 뛰는 그분의 심장 소리를 들을 수 있는 책입니다. 예수 심장 박동에 맞춰 함께 심장이 뛰는 분의 고백입니다. 그의 글을 읽는데, 나의 심장도 함께 예수 심장으로 뛰기 시작합니다. 이 책을 통해 예수님의 심장 박동 소리를 들을 수 있습니다. 그리고 우리의 고장난 심장, 멈춰가는 심장이 다시 뛰는 경험을 할 수 있습니다. Beat Again, Jesus Heart!

윤은성 _한국어깨동무사역원 대표, 이름없는교회 담임목사

2005년, 2007년에 출간되어 청소년들의 신앙에 바른 방향을 명확히 제시해주었던 김현철 목사님의 《불꽃시대를 열어가는 불꽃세대》와 《불꽃세대를 창조하는 기적의 교향곡》은 이미 전 세계에서 열려온 코스타(KOSTA) 캠프 때마다 고정 추천도서로 많은 청소년들에게 소개되고 읽혀졌습니다. 그 책을 읽은 많은 사람들이 김현철 목사님의 다음 이야기를 목마르게 기다리고 있던 중에 드디어 《불꽃세대 예수 심장》이 출간되니 이 책을 손에 든 독자들의 환호성이 귀에 들리는 듯합니다. 그야말로 진정한 코스타 강사이신 김현철 목사님은 코스타 집회 현장에서 만날 때마다 감동입니다. 베트남 코스타에서 학생들과 더불어 의자 위에서 펄쩍펄쩍 뛰던 모습은 잊을 수 없는 코스타의 명장면으로 기억될 것 같습니다.

'가슴이 뛰는 일'을 정확히 알고 '가슴이 뛰는 삶'을 몸으로 가르치는 김현철 목사님이 《불꽃세대 예수 심장》을 통해 살아있는 수많은 현장의 이야기를 깊이 있는 성경 말씀으로 풀어냈습니다. 이 책이 세상의 환경과 장애물만 보며 축 처진 어깨와 터덜거리는 발걸음으로 살아가는 다음세대를, 예수 심장을 가진 불꽃세대로 변화시켜 세상을 바꾸는 군대로 세워줄 것을 확신하며, 기쁨으로 이 책을 추천합니다.

유임근 _목사, 코스타국제총무

멀쩡한 심장을
왜 바꾸라 하는가?

○　　　　**내가 책임질 발가락 숫자**

　　H는 어려서부터 승승장구했다. 원하는 학교에 입학했고 바라던 직장에 들어갔다. 사랑하는 여인과 결혼해 아이 둘을 낳았다. 일찌감치 창업한 기업은 급성장했다. 다복하다는 소리를 듣는 건 당연했다. 젊어서 인생의 행복을 모두 누리는 것처럼 보여 세상의 부러움을 다 샀다. 하필 그 무렵, 대한민국에 외환위기가 밀어닥쳤다. 그의 기업도 하루아침에 부도를 맞았다. 부지중에 벼락 맞듯, 피해갈 수 없는 위기였다. 인생 전부를 잃어버린 것 같았다.

　생애 처음 겪은 심각한 패배는 그에게서 살아갈 소망을 앗아갔다. 절망한 그는 매일 술에 취해 허우적거렸다. 그날 밤도 만취해 12시를 넘겨 집에 돌아왔다. 겨우 현관문을 연 그가 쓰러질 듯 마루에 들어서는데, 거실과 안방의 불이 켜 있고 방문도 열려 있었다.

안방 침대에 아내와 두 아이가 누워 있는 모습이 무심코 눈에 띄었다. 평소라면 아내와 아이들은 각자 방에 있었겠으나, 그날따라 가장을 기다리다 한 방에서 잠이 든 모양이었다.

H의 눈에 이불 아래 드러난 여섯 개의 발이 문득 보였다. 취중이었지만, 신기하게도 발가락 숫자를 꼼꼼히 셀 수 있었다. 발 하나에 다섯 개, 곱하기 육은 삼십, 먹여 살려야 할 아내와 아이의 발가락이 서른 개였다.

'나만 바라보고 있는 발가락이 서른 개구나.'

H는 정신이 퍼뜩 들었다. 가족의 발가락을 헤아리자니 순식간에 밀어닥친 파도에 휩쓸리듯 엄청난 책임감이 느껴졌다. 그 충격 때문인지, 갑자기 심장이 쿵쾅거리기 시작했다. 참으로 오랜만에 느껴보는 심장의 박동이었다.

죽은 사람처럼 멈춰 있던 심장을 뛰게 한 건 가장으로서 피해갈 수 없는, 가족에 대한 무거운 책임감이었다. 책임감이 그를 다시 일어나게 하는 에너지가 된 것이다. 사업에 새롭게 도전한 그는 결국 잃어버린 것 이상의 성과를 냈다. 재기에 성공한 것이다.

내가 거제도에서 목회할 때, H의 이야기를 설교 예화로 들려주었다. 예배를 마치자, 함께 교회를 섬기던 박신명 장로님이 우렁찬 목소리로 말했다.

"목사님! 저는 책임질 발가락이 8만 80개입니다!"

박 장로님은 당시 1만 마리의 병아리를 사육하는 대형 양계장을 운영하고 있었다. 병아리의 발가락은 좌우 각 4개씩 8개, 1만 마리면 8만 개, 가족은 8명이었으니 도합 8만 80개의 발가락을 책임지고 있다는 뜻이었다.

사람마다 느끼는 삶의 무게는 누구라도 감당하기 어렵게 무겁다. 그러나 다행히 누구에게나, 어떻게 해서든 그 무거운 삶을 버티고 지탱하게 해주는 '무엇'(something)이 있다. 어떤 이에게는 반드시 이루고 싶은 꿈이 그 무엇이 된다. 드라마로 성공한 웹툰 〈미생〉의 주인공 장그래에게는 '어머니의 자부심이 되어야 한다'는 생각이 그 기능을 했다. H에게는 책임감, 곧 사랑하는 가족의 발가락이 그것이었다. 어떤 이는 연인의 꿈을 위해 삶의 무거운 짐을 대신 지기도 한다. 민족과 시대의 사명을 자기 것으로 알고 가진 전부를 쏟아붓는 이도 있다.

○ **"나는 이것 때문에 산다"**

호주 브리즈번에서 유스코스타(Youth KOSTA)를 섬길 때 이성호 목사님을 처음 만났다. 이분은 독특하게도 '크로스핏'이라는 격한 운동을 하는 목사님이다. 그의 교회는 크로스핏 체육관을 겸해 운영되고 있다. 집회가 시작되기 전 상견례를 할 때, 그는 크로스핏에 대해 한참 설명했다. 전 세계 도시마다 박스(box)로 불리는 크로스핏 체육관이 있는데, 그곳에서는 남녀노소와 인종에 관계없이 남자는 브라더(형제)로, 여자는 시스터(자매)로 서로를 부른다고 한다. 크로스핏 박스에서는 처음 보는 사람도 가족처럼 대한다는 뜻이다. 박스에서는 인종, 직업, 신분을 따지지 않고 오로지 크로스핏에 대해서만 말한다고 한다. 몹시 힘든 운동인 크로스핏을 하는 것만으로 강한 동질감을 느끼기 때문이다. 그래서 다른 사람보다 빠르게 목표 운동량을 달성하면 엄청난 보람과 자부심을 느낀다고 한다. 크로스핏 박스가 교회 같은 곳이라며 열변을 토할 때, 이 목사님 얼굴도 자랑스럽다는 듯 빛이 나고 있었다.

그런가 하면, 어떤 연예인을 열렬히 좋아하는 팬이 돼 열정을 발휘하는 것도 삶에 힘을 주고 자랑거리가 될 수 있다. 가끔 서울역 지하도를 지나다 보면 아이돌 스타의 생일을 홍보하고 축하하는 벽면 광고를 보게 된다. '엑소'의 멤버 찬열의 생일이 11월 27일인 것도 그 덕에 알았다. 중국에서 한류를 일으킨 황치열의 생일인 12월 3일에 맞춰 중국 팬들이 중국어와 한국어로 써 붙인 생일 축하 포스터 문구는 이것이었다.

"당신이 이 세상에 와서 우리에게 온 세상이 되었다!"

황치열이라는 연예인이 자기들의 삶에 기둥이 되었다는 의미다. 이런 포스터로 자신들이 황치열의 팬인 것에 자부심을 느끼고, 사람들에게 황치열의 존재를 알리려는 것이다. 벽면 광고비가 천만 원 넘게 든다 해도 팬들은 돈을 모아 충당한다. 사람들이 그 연예인을 칭찬하면 기쁘고 살아갈 힘을 얻는다고 말한다. 팬이 아닌 사람은 납득하기 어렵지만, 그들에게는 큰 보람이고 자랑거리기 때문이다. 그들은 연예인 덕분에 산다 해도 과언이 아닌 것이다.

지금 그대의 삶을 지탱하는 것은 무엇인가? 이 책을 읽는 그대에게도 그런 것이 있는가? '그 덕분에 웃고 산다', '그것 때문에 견디고 산다'고 말할 것이 있는가? 삶에 위기가 닥쳐오더라도 '그것'만 생각하면 기쁘고 견딜 만해지게 만드는 것이 있다면 무엇인가? 아무리 살기 힘들어도 견디게 해주는 '무엇'이 무엇인가?

○　　　**"이게 내 인생의 낙이다"**

"I live for this!" "나는 이것 때문에(이거 보려고) 산다"는 말이다. 실제로 미국 프로야구의 하이라이트인 포스트시즌에 관중석에서 흔히 볼 수 있는 펼침막의 문구다. 메이저리그 한 해를 결산하는 월드시리즈 경기를 보는 것이 야구팬으로서 인생의 큰 즐거움이라는 뜻이다. 2016년 월드시리즈 때 이 문구가 특히 많았다. 시카고 컵스(Chicago Cups)가 118년 만에 우승할 기회가 바야흐로 코앞에 다가왔기 때문이었다.

시카고 컵스 팀은 우리나라로 치면 조선말기 순종 2년 때 월드시리즈에서 우승했는데, 그로부터 2016년까지 한 번도 우승하지 못했다. 그들은 그해 '염소의 저주'(Curse of the Billy Goat)가 반드시 풀리기를 원했다. 염소의 저주란 말이 생긴 사연은 이러했다. 사실 시카고 컵스는 1945년에 우승할 기회가 있었다. 그해 월드시리즈 4차전에서 빌리 고트 태번(Billy Goat Tavern)이라는 주점의 주인이자 그리스계 이민자였던 빌리 시아니스(Billy Sianis)가 자신이 키우던 염소 머피(Murphy)를 데리고 경기장인 리글리 필드에 입장하려 했다. 이상한 행동이니 당연히 거절당했다. 그러자 염소의 주인 빌리는 "다시는 시카고 컵스가 월드시리즈에서 우승하지 못할 것"이라는 저주를 퍼부었다. 그 후 71년 동안 실제로 시카고 컵스는 월드시리즈에 진출하지 못했고, 빌리의 저주는 염소의 저주로 불리게 됐던 것이다.

미국 프로야구 역사에는 '염소의 저주'와 쌍벽을 이루는 '밤비노의 저주'(Curse of the Bambino)라는 것도 있었다. 1920년 보스턴의 레드 삭스가 별명이 '밤비노'였던 전설적 타자 베이브 루스를 뉴욕 양키스로 트레이드시킨 뒤, 수십 년 동안 월드시리즈에서 우승하지 못한 불운을 일컫는 말이다. 레드 삭스는 1903년 첫 우승을 시작으로 월드시리즈에서 총 5회 우승했던 팀이었지만, 베이브 루스를 트레이드시키고 나서 2004년 극적으로 우승할 때까지 86년간 우승하지 못했다.

반면, 이전까지 한 번도 우승한 적이 없던 뉴욕 양키스는 베이브 루스를 사들인 후, 1920년 홈런왕이 된 그의 활약에 힘입어 명문 구단으로 발돋움했다. 그리고 2002년까지 총 26회나 우승했다. 결과적으로 레드 삭스는 최악의 트레이드를 한 셈이었는데, 이것을 언론이 '밤비노의 저주'로 불렀던 것이다. 그랬던 보스턴이 87년 만에 우승해 밤비노의 저주가 깨진 참이었는지라, 시카고 팬들은 더 간절히 우승을 갈망했던 것이다. 그러니 "이거 보려고 산다"는 극성도 이해할 만했다. 결국 그날, 소원을 이룬 시카고 팬들은 118년만의 희열을 광란의 파티로 만끽했다.

그대에게는 무엇이 '이것'인가(What is this)? 무엇이 인생에 즐거움을 주는가? 고단한 삶을 견디고 버티도록 견인하는 동력이 되는 '이것'은 무엇인가? 그게 무엇이든, 누군가에게는 사무치도록 간절한 소원이고 삶에 힘을 주는 최고의 가치일 수 있다. 엉뚱해 보이겠지만, 나는 위 질문들을 이 질문 하나로 바꾸고 싶다.

"당신의 심장은 살아있는가?"

사업에 실패한 H가 가족의 발가락을 보고 심장이 다시 뛴다고 느낀 것처럼, 응원하는 스포츠 팀이나 연예인 생각에 가슴이 펄떡이는 것처럼, 사람이 살아갈 이유나 삶을 지탱할 무엇이 있다는 것은 심장이 살아있다는 것과 같다고 할 수 있지 않을까? 만약 그런 것이 없다면, 그의 심장은 생물학적으로는 뛰고 있어도 제대로 뛰는 것이 아니며, 사실은 고장난 고물 심장이라고 말할 수 있을 것이다. 살아갈 이유는커녕 자신이 어떤 존재인지조차 모르고 있다면 그 심장은 이미 멈춘 것이며, 살아도 사는 것이 아니다.

○   **피맛을 본 라이언 킹**

　　아프리카의 한 국립공원에서 동물의 왕 사자가 태어났다. 아기 사자는 알 수 없는 이유로 무리와 떨어져, 외톨이 신세로 공원 관리자에게 발견되었다. 고아가 된 아기 사자는 다행히 동물원에서 사육사의 보호를 받으며 자라났다. 사육사는 그를 강아지 무리와 함께 키웠다.

　강아지들은 아기 사자를 자주 괴롭혔다. 아기 사자는 동물의 왕이라는 신분에 걸맞지 않게 강아지 무리의 위세에 눌려 지냈다. 그를 측은히 여기던 사육사가 하루는 요리하지 않은 생닭고기를 던져주었다. 그 닭고기를 어린 사자가 입에 물자 강아지들이 또 치근대기 시작했다. 순간, 놀라운 반전이 일어났다. 그때까지 속수무책 당하기만 하던 어린 사자의 입에서 사자의 포효가 터져 나온 것이다. 소스라치듯 놀란 강아지들이 꼬리를 내리고 달아났다. 도망가는 강아지들을 노려보는 어린 사자의 눈에 불꽃이 이글거렸다.

　강아지들에게 밀리기만 하던 어린 사자가 왜 그렇게 돌변했을까? 원인이라면 어린 사자가 닭고기를 입에 무는 순간 피맛을 본 것뿐이었다. 닭의 피가 아기 사자 안에 잠재돼 있던 맹수의 DNA를 깨운 것이다. 그 피가 자신이 어떤 존재인지 각성시킨 셈이었다. 강아지들에게 시달릴 수밖에 없는 나약한 아기 사자가 아니며, 모든 동물을 제압할 수 있는 '라이언 킹'이라는 사실을 본능적으로 깨달은 것이다.

그리스도인은 사자(lion)와 같다. 사자가 아프리카 초원의 왕이라면, 그리스도인은 세상을 다스리는 왕 같은 존재다. 소설《나니아 연대기》에서 사자 아슬란은 그리스도를 상징한다. 왕으로 오신 예수를 묘사한 마태복음은 사자의 복음으로 불린다. 그리스도는 교회사에서 사자에 비유되기도 한다. 예수의 사람, 그리스도인도 예수 그리스도처럼 사자 같아야 하지 않을까? 그리스도인은 바벨론 같은 세상으로부터 공격받지만, 다니엘처럼 세상을 이긴다. 세상이 골리앗처럼 압박해도 다윗처럼 담대히 맞서 승리하는 것이 그리스도인의 원래 모습이다.

현대 그리스도인은 대부분 교회 안에서는 교회에 맞게 잘 훈련돼 있고 열정적이다. 하지만 삶의 현장에서는 상황을 주도하지도 영향을 끼치지도 못한다. 도리어 세상에 영향 받는 나약한 존재로 전락한 경우가 많다. 소금과 빛으로 살면서 세상을 개혁하는 것이 아니라, 세상 무게에 짓눌려 세상 눈치를 보고 세상 흉내나 내는 것이다. 그 결과 세상을 변혁시키기보다 오히려 닮아가는 '무늬만 그리스도인'이 많아졌다. 과거에 비해 체격은 커졌지만 체력은 약해진 현대인과 비슷해진 것이다. 경건의 모양은 있지만 경건의 능력은 잃어버린 셈이다.

청소년과 청년들이 수련회와 집회에서는 뜨겁게 찬양하고 힘있게 기도한다. 하지만 학교와 가정, 그리고 일터에서는 습관적이고 반복적인 죄의 자극에 속수무책 넘어진다. 사소한 도전과 문제에도 쉽게 타협한다. 다른 이들과 비교하면서 자존감이 위축돼 기쁨과 평강을 잃어버리기 일쑤다. 세상이 자랑하는 것들이 자기에게 없다는 열등감과 패배의식에 빠지기도 한다. 거룩한 삶을 살기로 가끔 결단은 하지만, 얼마 가지 못해 보잘것없는 위협과 유혹에도 무기력해진다. 나는 오랜 세월 교목(校牧)으로 사역하면서 이런 하소연을 하는 청소년, 청년들을 많이 만나보았다. 그들이 왜 이렇게 됐을까? 뭐가 문제일까?

○   **심장이 그렇게 약해서야**

　　　운동선수 가운데 평소에는 대단한 활약을 하지만 중요한 경기에서 실망을 안겨주는 경우가 있다. 미국 프로야구 LA 다저스의 유명한 투수 클레이튼 커쇼(Clayton Kershaw)가 의외로 그런 부류에 꼽힌다. 그는 '지구 최강의 투수'라는 별명을 얻을 정도로 경기 운영 능력이 탁월하다. 정규 시즌에서는 웬만한 타자가 쉽게 공략하지 못하는 경기력으로 팀에 승리를 안겨준다. 시즌이 끝나면 각종 상을 휩쓴다. 아프리카 잠비아에서 봉사활동도 하며 팬의 절대적 지지를 받는다. 이런 그가 시즌을 결산하는 포스트시즌에서는 실망스러울 만큼 활약이 미미하다. 정작 팬의 관심이 집중하는 큰 경기에서 기대하는 만큼의 결과를 얻지 못하고 허무하게 패하는 경우도 여러 차례 있었다. 이를 빗대어 팬들은 그를 '새가슴'이라고 꼬집었다. 심장이 약하다고 흉본 말이다.

그와 반대로 큰 무대에서 오히려 강한 실력을 보이는 선수도 있다. 샌프란시스코 자이언츠의 범가너 투수는 포스트시즌에서 더 큰 활약을 펼친다. 부담스러운 상황을 오히려 즐기고 팀에 극적인 승리를 안겨주기도 한다. 팬들은 범가너를 강심장이라고 칭찬한다.

그런 걸 보면 커쇼가 큰 경기에 약한 원인은 그의 실력이나 의지가 약해서가 아니다. 자신을 강하게 다그치며 '노오력'을 좀 더 하는 것도 해결책이 아니다. 범가너처럼 심장이 강해져야 한다. 강한 심장이 큰 경기에서 제 실력을 발휘하게 해주고, 삶이 도전에 부딪힐 때 강하게 만들기 때문이다. 자동차의 강한 엔진이 높은 언덕을 힘차게 오르게 하고, 기중기의 강력한 모터가 육중한 돌을 쉽게 들어 올리는 것과 마찬가지다.

세상에 오염돼 약해진 심장으로는 문제에 봉착한 삶을 변화시킬 수 없다. 겉으로는 멀쩡해 보이는 자동차라도 엔진이 망가지면 달릴 수 없듯, 약해진 심장은 무거운 삶을 끌고 가지 못한다. 더구나 인생의 문제는 연속적이고 동시다발적이다.

망치로 두더지를 때려잡는 게임기가 있다. 여러 마리 두더지 중에서 고개를 내미는 놈을 잘 맞춰 때리면 점수가 올라간다. 하지만 어느 구멍의 두더지가 머리를 내밀지 예측할 수 없다. 이 게임은 우리가 살아가는 삶에서 예측할 수 없는 당혹스런 사건이 연거푸 터지는 것을 닮았다.

두더지 게임을 처음 하는 사람은 정신없이 두더지가 튀어나오면 무엇부터 때릴지 몰라 어쩔 줄 몰라 한다. 그런 것처럼 이곳저곳에서 마구 튀어 나오는 삶의 문제를 만나면 넋을 잃고 만다. 심지어 믿음도 휘청거리게 된다. 이토록 정신없는 인생을 지탱하려면 심장이 강할 뿐 아니라 내구성도 있어야 한다.

○　　　**고장난 심장**

표준어는 아니지만, 요즘 젊은이 사이의 유행어 중에 '심쿵'이라는 신조어가 있다. 심장이 쿵 하고 떨어질 것처럼 놀랄 때 하는 말이다. 이것은 심장이 멈춘 것 같다는 말과 비슷하다. 인생에는 심장을 멈추게 할 만큼 크고 심각한 일이 언제 어디서나 다양하게 일어날 수 있다. 입시, 취업, 연애, 결혼, 사업 등 인간관계의 수많은 영역에서 치명적 실패가 기습한다. 이 글을 읽는 순간에도 '심쿵'할 일을 당해 고통스러운 독자도 있을 것이다.

도로에서 운전하다 보면 깜박이 신호도 켜지 않고 느닷없이 끼어드는 자동차에 놀랄 때가 있다. 무례한 자동차는 방어운전으로 피할 수 있다 하더라도, 실제 삶에는 질병이나 사고 같은 돌발 상황이 얼마든지 발생할 수 있다. 어제까지 진심으로 사랑한다고 고백했던 사람이 오늘 결별을 선언할 줄 누가 예상하겠는가? 그러면 대중가요 가사 그대로 "총 맞은 것처럼" 가슴이 아프다. 혼신을 다해 추진

한 일이 실패하리라 예상하는 사람은 없다. 그러니 사업에 실패하면 심장이 멈춘 것 같다. 살면서 그런 상황을 닥치면 할 수 있는 일은 사실상 아무것도 없다. 기껏해야 폭풍우처럼 휘몰아치는 혼돈의 시간이 지나가기만 바랄 뿐이다.

그럴 때도 잊어선 안 될 중요한 사실이 하나 있다. 그 순간에도 심장은 뛰고 있다는 것이다. 더 살고 싶은 이유가 없을 만큼 혹독한 상황을 당해도 심장은 펄떡인다. 실패하여 절망하고 있을 때도 심장은 "이따위 시시하고 한심한 주인을 위해 뛰는 게 싫다"고 실망해 파업(?)하지 않는다. 미련할 정도로 성실하다. 꾸준히 박동한다. 심장의 주인이 피곤해한다고 심장마저 "나도 피곤하니 좀 쉬자"고 하면 죽는다. 사람이 절망하고 불안하고 염려하는 상황에도 심장은 일하고 있다.

이렇게 착실한 심장은 사실 그다지 크지 않다. 보통 지름 12센티미터, 무게는 대략 300그램에 불과하다. 대체로 그 사람의 주먹 정도 크기라고 한다. 하지만 인체에서 가장 중요한 기관 중 하나다. 생명을 유지하는 데 절대적 기능을 한다.

심장의 주된 기능은 산소와 영양분을 담은 혈액을 온몸으로 보내는 일이다. 이를 위해 1분에 60회에서 80회 정도 심장의 근육을 수축하고 확장하기를 반복한다. 이것을 심장 박동이라고 한다. 박동 횟수를 1분에 평균 70회로 보면 1시간이면 4천 2백 회, 하루 1만 회 이상 박동하는 것이다. 한 달이면 3백 2만 4천, 일 년에 3천

6백 2십 8만 8천, 사람의 평균 수명을 80년으로 보았을 때 29억 회이상 뛴다. 사람의 생명이 다하는 순간까지 거의 30억 번 뛰는 셈이다. 이 심장이 약해지면 생명도 약해진다. 심장이 멈추면 생명이 멈춘다.

○   **가짜 심장을 진짜 심장으로!**

모든 장기는 소중하지만, 심장만큼 신실하고 변함없이 나를 섬기는 장기가 달리 있을까? 이런 심장에 조금이라도 고마움을 느낀다면 우리는 결코 절망해선 안 될 것 같다. 아무 때나 꺼내 격려해줄 수 없지만, 우리는 내 몸 속에서 나를 위해 맹렬히 일하는 심장을 생각해서라도, 단 한 순간도 대충 살 수는 없다.

문제는, 이토록 성실하게 작동하는 심장이 세상과 죄 앞에서 철저히 무기력한 나 때문에 오염되고 고장나고 약해졌다는 사실이다. 평소엔 강한 척해도, 포스트시즌 같은 큰 경기에서 실력 발휘를 못하는 커쇼의 심장처럼 우리 심장이 연약해졌다. 습관적으로 반복되는 죄를 극복하지 못하고 세상을 이기지 못한다.

하지만 어떤 상황에도 멈추지 않는 강력한 심장이 있다. 누구라도 포기할 만한 상황에도 흔들리지 않고, 어떤 압력에도 짓눌리지 않는 강력한 심장이다. 바로 예수의 심장이다.

예수 심장은 영적 심장이다. 우리에게 생물학적 심장이 물론 중요하지만 예수의 영적 심장은 더욱 중요하다. 우리가 교체해야 할 심장은 영적으로 죽어 있는 우리의 가짜 심장이다. 갈수록 약화되는 가짜 심장을, 살아있는 진짜 심장, 예수 심장으로 교체해야 한다.

우리 심장이 예수 심장으로 바뀌면 어떤 일이 일어날까? 고아로 버려졌던 어린 사자가 닭의 피맛을 보았을 때 자신이 사자임을 자각하고 포효하는 변화가 일어나게 된다. 우리가 여전히 죄의 노예가 아니라 이미 하나님의 자녀인 것을 알게 될 것이다. 그러자면 우리도 동물원의 아기 사자처럼 예수의 피맛을 보아야 한다. 우리가 예수의 피맛을 보려면 어떻게 해야 하는가? 십자가 아래 흘러내리는 피에 혀를 대야 하는가? 지금 그럴 수도 없고, 그러란 말도 아닐 것이다.

그러면 이제 우리의 관심은 다음 두 가지가 될 수밖에 없다. 첫 번째 관심은 "우리 심장(heart)을 어떻게 예수의 심장으로 교체할 수 있는가?"이다. 교체 방법은 간단하다. 죄로 말미암아 죽은 내 마음(mind, heart)을 참 생명이신 예수의 마음(심장)으로 교체하는 것이다. 그러면 내 속에 흐르는 피는 더 이상 내 피가 아닐 것이다. 예수 심장에서 솟는 피로 바뀌게 되니 우리는 온통 예수 보혈로 가득할 것이다. 우리의 생각과 마음은 예수의 마음을 품을 것이다.

> 너희 안에 이 마음을 품으라 곧 그리스도 예수의 마음이니
> _빌립보서 2:5

너희는 이 세대를 본받지 말고 오직 마음을 새롭게 함으로 변화를 받아 하나님의 선하시고 기뻐하시고 온전하신 뜻이 무엇인지 분별하도록 하라 _로마서 12:2

두 번째 관심은 "우리에게 예수 심장이 장착될 때 어떤 변화가 일어나는가?"이다. 이 책의 대부분은 이 두 번째 관심, 곧 우리가 예수 심장을 품을 때 일어나는 삶의 변화에 대해 다룰 것이다. 그 전에, 먼저 이 '들어가는 글'에서는 성경의 몇몇 인물 이야기를 통해, 우선 우리의 부패한 심장을 생명 가득한 예수 심장으로 교체하는 것에 대해 다뤄볼 것이다.

○   **심장 교체법**

자기 심장을 예수 심장으로 바꿈으로써, 마음과 삶이 동물원의 아기 사자처럼 완전히 달라진 대표적 성경 인물로 사도 바울을 들 수 있다. 바울은 예수님을 만나기 이전과 이후가 완전히 달랐다. 〈사도행전〉에서 예수님을 만나기 이전의 바울은 사울로 기록되었는데, 그는 강한 사명감으로 교회를 무너뜨리려 했다. 그에게 십자가는 수치스러운 것이었으며 그리스도인은 박멸할 대상이었다. 그래서 예수 그리스도를 믿는 사람을 잡으러 다녔다. 집사 스데반을 죽이는 일에도 거리낌 없이 동참했다. 그가 그런 삶을 살았던 이유는 그의 심장이 악했기 때문이었다. 나쁜 심장이 뿜어내는 나쁜 피가 가득했으므로, 해서는 안 될 일을 아무런 가책 없이 저질렀던 것이다. 그런데 예수를 믿고 사도가 된 다음, 바울은 십자가를 최고의 자랑으로 여기게 됐다. 십자가의 복음을 증거하는 일이라면 생명도 아깝게 여기지 않는 사람으로 변화되었다.

> 그러나 내게는 우리 주 예수 그리스도의 십자가 외에 결코 자랑할 것이 없으니 그리스도로 말미암아 세상이 나를 대하여 십자가에 못 박히고 내가 또한 세상을 대하여 그러하니라 _갈라디아서 6:14

바울이 변화된 이유는 간단하다. 다메섹으로 가는 길에 예수님을 만나 심장 수술을 받았기 때문이다. 바울은 다메섹의 그리스도인들을 잡으러가는 길에 예수님을 만났고, 그때 바울의 심장을 수술한 의사는 예수 그리스도셨다. 예수님에게서 좌우의 날선 검 같은 말씀이 선포되면서, 사울을 사로잡았던 나쁜 심장이 사라지고 예수 심장이 이식된 것이다. 그 후로 예수 심장이 뿜어내는 예수님의 피가 바울의 온 몸, 세포 하나하나에 깃들기 시작했다. 예수를 따르는 제자들을 잡으러 간 다메섹에서 오히려 예수가 하나님의 아들이심을 전파하기 시작했다(사도행전 9:20). 바울은 자기 생각과 의지가 아닌 예수님의 뜻과 거룩한 소원을 따라 움직이게 되었다. 복음과 교회를 목숨보다 사랑하며, 복음을 전하기 위해 목숨까지 걸게 되었다. 어떤 푸대접을 받고 어려운 일을 겪어도 상관하지 않게 되었다.

우리도 바울처럼 예수 심장을 품으려면 먼저 예수님을 만나야 한다. 예수님을 만나면 예수님이 지셨던 십자가에 내 심장 같은 자아(自我)를 못 박아 죽여야 한다. 자아를 죽이는 것은 내 주장과 생각과 고집을 내려놓고 예수님의 생각과 뜻에 순종한다는 뜻이다. 그래야 예수 심장이 내 심장이 될 수 있다. 나는 죽고 나를 위해 자기 몸을 버리신 예수 그리스도께서 내 안에 사시게 되는 것이다.

> 내가 그리스도와 함께 십자가에 못 박혔나니 그런즉 이제는 내가 사는 것이 아니요 오직 내 안에 그리스도께서 사시는 것이라 이제 내가 육체 가운데 사는 것은 나를 사랑하사 나를 위하여 자기 자신을 버리신 하나님의 아들을 믿는 믿음 안에서 사는 것이라_갈라디아서 2:20

이렇게 되면 내 안에서 박동하는 심장은 이전의 내 심장이 아니다. 예수의 심장이다. 이제는 내 안에 그리스도께서 사시는 것이기 때문이다. 이 사실을 믿음으로 받아들이는 것이 예수님을 영접하는 것이다. 예수님을 나의 주, 나의 하나님으로 고백하는 것이다. 그러면 예수 심장이 내 새 심장이 된 것을 알게 될 것이다. 이제 나는 기존의 내 심장이 이끄는 대로 사는 것이 아니라 새롭게 장착된 예수 심장을 따라 사는 것이다. 예수님은 이것을 자기를 부인하고 십자가를 지고 예수님을 따르는 것이라고 말씀하셨다.

이에 예수께서 제자들에게 이르시되 누구든지 나를 따라오려거든
자기를 부인하고 자기 십자가를 지고 나를 따를 것이니라

_마태복음 16:24

자기를 부인한다는 것은 자기 생각과 마음대로 살지 않고 예수님
을 따라 예수님의 생각과 마음으로 살아간다는 뜻이다. 이것이 자
기 심장을 예수 심장으로 바꾼 사람의 대표적인 특징이다.

○　　　**예수 심장으로 사는 법**

　　　2008년 코스타(KOSTA:국제유학생수련회)의 주제는 '세
상을 바꿔라, 예수의 심장으로!'였다. 여러 국가의 도시에서 이 주
제로 말씀이 선포되면서 수많은 청소년과 청년들이 바울이 변화된
것처럼 변화되었다.

　중국 상해 유스(Youth:청소년) 코스타에서 이 말씀을 듣고 크게 은
혜 받은 한 고등학생이 자신에게 심각하게 질문했다.

　"과연 예수의 심장으로 산다는 것은 어떻게 사는 것일까?"

　그는 이 질문에 답을 얻기 위해 과감히 휴학하기로 결심했다. 장
거리 기차를 타고 산골 오지 마을을 찾아갔다. 그 마을에서 그가 할
수 있는 일이라면 무엇이든 했다. 길거리를 청소하고 아이들과 놀
아주고 공부를 도와주었다. 연세 드신 어른에게 안마를 해드리며

말벗이 되어주었다. 농번기에는 밭일을 거들었다. 주민들은 처음에는 그를 경계했지만 결국 가족처럼 받아들였다.

1년이 금세 지났다. 소년은 마을을 떠날 때가 되었다고 생각해 이장과 마을 어른들에게 작별인사를 드렸다. 이장이 새삼스레 소년의 정체를 물었다. 그동안 그에 대해 구체적으로 질문한 사람도 드물었지만, 물어도 자세히 답하지 않았던 것이다.

"너는 도대체 누구냐? 어디에서 왔으며, 여기는 왜 왔느냐?"

소년이 비로소 밝혔다.

"저는 사실 그리스도인입니다. 저에게는 예수 심장이 있습니다. 세상을 예수님의 심장으로 바꾸라는 말씀을 들은 날 예수 심장이 제게 들어왔습니다. 예수 심장이 이끄는 대로 이곳에 왔고, 예수 심장의 힘으로 여러분을 섬겼습니다. 다시 떠나려는 이유는, 여러분과 함께 살면서 제가 깨달은 게 있기 때문입니다. 여러분이 어렵게 사는 문제를 근본적으로 바꾸려면 저 같은 사람이 행정이나 법학 같은 공부를 해야 합니다. 그러려면 제가 다시 도시에 나가 대학교에 입학해야 합니다."

소년은 말을 이었다.

"대학을 졸업하고 돌아오겠습니다. 지금은 아는 게 없어 어르신께 안마해드리거나 동네를 청소하고 일손을 거드는 것밖에 할 게 없지만, 돌아올 때는 이 마을을 변화시킬 수 있는 지식과 권한을 가진 사람이 되겠습니다."

마을 사람들이 그의 말에 감동했다. 사람들은 기차역까지 따라가 그를 눈물로 전송했다. 소년은 떨어지지 않는 발걸음을 옮겨 기차에 올랐다. 사람들이 보이지 않을 때까지 눈물을 흘렸다. 기차 안에서 이 광경을 물끄러미 바라보던 한 승객이 자초지종을 물었다. 소년은 승객에게도 마을 사람에게 했던 말을 들려주었다.

"네, 저는 그리스도인입니다. 저는 예수 심장으로 세상을 바꾸고 싶은 사람입니다. 그 때문에 이 마을에 왔고, 이제는 그들을 제대로 돕기 위해 공부하려고 도시로 돌아가는 길입니다."

그리고 지난 1년간 오지 마을의 경험을 들려주었다. 묵묵히 듣고 있던 승객이 말했다.

"나는 UN에서 일하는 사람입니다. 오지 사람들을 구체적으로 도울 방법을 찾는 일을 하고 있지요. 학생을 기억하겠어요. 내 명함을 받아두세요. 나중에 언제든지 필요한 일이 있으면 연락하고요."

그 소년은 아마도 지금쯤 그 마을에 돌아가 있을 것이다. 그 사이 대학을 졸업했을 것이고, 오지 마을을 도울 방법을 알게 됐을 것이다. 뿐만 아니라 그 방법을 실행할 권한이 있는 행정가가 되었을지도 모른다. 도시로 돌아가는 길에 만났던 UN 직원과 소통하고 있을지도 모를 일이다. 그리하여 오지 마을은 그 소년의 도움으로 변화되고 있을 것이다. 복음도 전파될 것이다.

○　　　**심장 수술의 골든타임**

　　　병원을 소재로 한 의학드라마에는 응급환자가 병원에
실려 오는 장면이 곧잘 등장한다. 드라마다운 긴장감을 주기 때문
이다. 응급환자 가운데 특히 심장 혈관이 막힌 환자는 생명을 살릴
수 있는 시간, 곧 골든타임(Golden Time) 안에 병원에 와야 한다. 황
금처럼 귀한, 아니 황금보다 귀한 시간이라서 골든타임이라고 하는
것이다. 이 절체절명의 시간이 지나면 응급수술을 받는다 해도 살
아날 가능성은 적어진다.

　　예수님을 알지 못하는 사람은 골든타임 이전에 신속히 응급실로
호송돼야 할 정도로 심각하고 시급한 영적 환자다. 그러나 자신이
응급환자보다 심각한 죄의 노예인 사실을 알지 못하고 산다. 특히
영적 심장이 심각하게 병든 것을 알지 못한다. 약하고 병든 심장으
로 험한 세상에서 허덕이며 살아가면서도 그 원인을 알지 못한다.
자기 심장이 예수 심장이 아닌 걸 모르는 것이다.

　　더 늦기 전에 우리의 약한 심장을 강력한 예수 심장으로 교체해
야 한다. 그러자면 먼저 만병의 치유자이신 최고의 의사, 예수님 앞
으로 나아가야 한다. 예수님은 병들고 망가진 우리의 영적 상태를
빠르고 정확하게 진단하신다. 예수님은 의학 드라마 〈낭만닥터〉의
김사부보다 탁월하고 신실하게 우리를 수술하고 치유하신다!

　　예수님의 불꽃같은 눈동자는 첨단 의학 검진 기계도 발견하지 못
하는 우리 영혼의 문제점을 포착하신다. 날카로운 수술용 메스보다

날카로운, 좌우의 날선 검 같은 말씀으로 우리 속의 죄 세포를 도려 내신다. 병들고 썩은 환부는 능숙하게 도려낼 뿐 아니라, 부작용은 커녕 흉터조차 없도록 깔끔히 치료하신다. 궁극적으로는 무기력하 고 제 기능을 발휘하지 못하는 우리 심장을 도려내고 그 자리에 당 신의 심장, 예수 심장을 이식해주신다. 그래서 이제는 내 힘으로 사 는 것이 아니요 예수님의 능력으로 살게 하신다.

영화 〈존 큐〉의 주인공 존 큐는 실직한 뒤 임시직 노동자로 일하 고 있었다. 경제적으로 가난하지만 사랑하는 아내와 프로 보디빌더 가 꿈인 초등학생 아들과 단란한 가정을 이루고 살아간다. 어느 날, 존 큐 부부가 응원하는 가운데 야구 시합을 하던 아들이 쓰러져 급 히 병원에 업고 갔다. 검사 결과, 심장외과 전문의는 아들이 당장 심 장 이식 수술을 하지 않으면 생명이 위태롭다고 말한다. 그러나 미 국의 심장 수술 비용은 천문학적이다. 게다가 기증 순서도 기다려 야 한다.

부부는 우선 아들의 수술 비용을 구하기 위해 온갖 방법을 동원 한다. 그러나 역부족이다. 입원비도 마련하지 못해 퇴원 통고까지 받는다. 희망이 전부 사라졌다고 느낀 존 큐는 마지막 선택을 한다. 아들에게 즉시 심장 이식 수술을 할 것을 요구하는 인질극을 벌인 것이다. 그는 자신의 심장을 아들에게 이식시킬 계획이었으나, 때 마침 극적으로 아들의 조건에 맞는 심장이 확보돼 수술에 성공한 다. 새 심장을 이식받은 아들은 당당히 새로운 삶을 살아나간다. 엔

딩 장면에서 경찰차에 실려 가는 존 큐에게 아들이 보디빌더 자세를 취하는 모습은 인상적이다.

아들을 위해 인질극을 벌인 존 큐는 사실상 자신의 심장, 곧 생명을 내준 것이나 다름없었다. 그런데 생각해보라. 우리를 위해 십자가에 달리신 예수님은 우리에게 자신의 생명을 내주지 않으셨는가? 일부 의학적 견해에 따르면, 십자가에 달리신 예수님은 심장이 파열돼 결국 사망에 이른 것이라고 추정된다. 로마 병정이 창으로 옆구리를 찔렀을 때 물과 피가 나온 것이 그 증거라는 것이다. 예수님은 결국 우리를 살리시고자 자신의 심장을 내어주신 것이다.

○　　　**반드시 예수 심장**

삶이 변화되기 원하는가? 심장부터 바꿔라. 바꿀 심장은 반드시 예수 심장이어야 한다. 우리의 더러운 피를 예수 심장에서 뿜어나는 그리스도의 맑은 피로 바꿔야 변화된 새 사람으로서 믿음으로 살아갈 수 있다.

예수 심장은 삶의 모든 것에 감사하게 만든다. 살아가는 현실이 비록 어렵더라도, 얼마나 아름답고 감사할 일이 많은지 깨닫고 보게 해준다. 범사에 감사하게 되는 것이다.

예수 심장은 새로운 꿈을 심어준다. 우리의 생각과 의지를 전부 내려놓고 예수님의 소원을 내 소원으로 삼아, 그분의 뜻 아래 통치

받으면 이전과 완전히 다른 새로운 삶이 시작된다.

예수 심장은 특별한 힘을 공급해준다. 지금 나에게 지워진 삶의 문제가 아무리 무거워도 넉넉히 감당할 능력을 준다. 우리의 약함을 강함으로 바꾸며, 하나님 나라에 어두웠던 눈을 밝게 열어준다.

예수 심장은 나의 아픔을 뛰어넘어 다른 이의 아픔을 보게 만든다. 내 상처만 보는 것이 아니라, 이웃의 아픔에 공감하고 함께 웃고 함께 울 수 있게 해준다.

결국 답은 하나다. 예수 심장이 내 안에 들어와야 하는 것이다.

○　　　**너는 사자다!**

기억하라. 그대는 사자로 태어났다. 강아지들에게 온갖 학대를 받던 아기 사자가 피맛을 본 순간 밀림의 왕으로서 본능을 회복한 것처럼, 왕 같은 제사장으로 부름 받았으면서 거지처럼 살아온 그리스도인이 거룩한 왕으로서, 하나님의 자녀로서의 DNA를 회복하기를 축복한다. 그것은 오로지 우리 심장을 예수 심장으로 교체함으로, 그 심장에서 솟구치는 그리스도의 보혈을 경험해야 가능한 일이다. 이토록 위대한 변화가 이 책을 읽는 모든 이에게 임하기를 진심으로 축복한다.

이 책은 삶의 변화를 원하는 이들을 위해 쓴 것이다. 그리스도인이면서도 삶이 무기력했다면, 이 책을 통해 생동감 넘치는 삶을 살

수 있기를 소망한다. 능력 있게 살기 원하지만, 일상에서 쉽게 무너진다고 자주 좌절하는 그리스도인의 손에 이 책을 들려주고 싶다. 특히 지난 20년간 상담이나 집회 현장에서 들은 십대 청소년과 청년들의 심각한 갈등과 질문에 근본적 해답을 주고 싶어 펜을 들었다. 세대와 나이를 초월해 이 책을 읽을 모든 독자에게, 문제 앞에서 곧잘 포기하던 연약한 심장이 강력한 예수 심장으로 변화되는 역사가 일어나기를 간절히 소망한다.

한 권의 책이 탄생하기까지 많은 분들의 도움을 받게 되었다. 이 한권의 책이 나오기까지 섬겨주신 많은 분들에게 감사를 드린다.

이 땅에 육신의 생명을 이어주시고 늘 기도하며 응원해주시는 부모님께 특별한 감사드린다. 언제나 늘 기도하며 응원해주시는 행복나눔교회의 모든 성도님들과, 이 책을 출판사 창립 작품으로 선정하고 섬겨주신 아르카(ARCA:방주)의 이한민 대표님께 감사를 드린다. 아울러 항상 격려해주시는 유임근 목사님과 코스타 관계자분들, 예수 심장에 의지해 어려운 환경 속에서도 사역을 감당하는 모든 청소년 사역자들, 찬양 사역자들과 이 땅의 다음 시대를 책임지는 모든 새벽이슬 같은 다음세대에게 바친다.

예수 심장을 장착하고 새로운 영적전투에 나가는
영적 전사들을 기대하며,
비저너리 디자이너(visionary designer)

김현철 목사

예수 심장은 절망뿐인 상황에서도
감사를 발견해내는 능력이다.
꿈꿀 수 없는 자리에서도 꿈을 꾸며
꿈꿀 수 없는 사람을 꿈꾸게 한다.

1부

불평 심장을
감사 심장으로

Before
불평 심장 After
감사 심장

01

꽃들끼리는
경쟁하지 않는다

○ **외꺼풀의 전설**

2008년에 상하이 유스 코스타를 섬길 때 패션모델 장윤주 양을 만났다. 그녀가 소개되자 그곳에 모인 1,500명 코스탄은 열화 같은 환호로 맞이했다. 그녀는 전문 모델답게 각 시대별 워킹의 변천사를 보여주며 간증을 시작했다.

그녀가 모델 세계에 입문할 때 주변에서 '쌍수'(쌍꺼풀 수술)를 권유했다. 당시 모델 대부분은 쌍수를 했지만 그녀는 단호히 거절했다. 마침 그녀가 본격적으로 모델 활동을 시작할 당시 전 세계 패션계의 흐름이 크게 달라지고 있었다. 이전까지는 쌍꺼풀 같은 서양의 아름다움을 중시했다면 외꺼풀 같은 동양의 아름다움을 추구하는 것으로 흐름이 달라진 것이다. 그 덕분에 쌍꺼풀 수술을 하지 않왔던 장윤주에게 시선이 집중되면서 유명해진 것이다. 만약 모델수업을 받을 때 사람들의 충고를 받아들여 쌍수를 했다면 지금의 장윤주는 존재하지 않았을 것이다.

누구도 미래는 알지 못하기에 현재 상황에서 최선의 방법을 선택하고 싶어한다. 하지만 혼자 모든 걸 결정하기는 쉽지 않다. 그래서 우리는 주변 사람의 조언에 신경 쓸 수밖에 없다. 사람들도 나를 진심으로 염려해 조언해준다. 그러나, 사람들의 조언을 참고할 수는 있어도, 그들이 결국 내 삶을 책임질 순 없다는 사실을 잊어선 안 된다. 책임질 수 없는 사람들의 제안에 내 미래를 맡기는 것은 불안하고 두려운 일이다. 더구나 외모를 고치라는 조언이라니!

우리는 주변 사람 말에는 솔깃하면서 왜 하나님의 말씀은 신뢰하지 않는가? 나를 창조하실 때 지금 이 모습으로 빚으신 하나님의 계획을 믿어보라. 내 모습 자체가 가장 아름답고 강력한 경쟁력이다. 다른 어디에도 존재하지 않는 내 모습이 최고의 가치임을 기억하자.

○　　**하루 목표 200그램**

〈동상이몽〉이라는 텔레비전 프로그램에서 극단적으로 몸무게를 줄이려는 중2 여학생이 소개되었다. 그 여학생의 하루 목표는 최고 200그램을 줄이는 것이었다. 그래서 하루에도 몇 번씩 체중계에 올랐다. 목표만큼 체중이 줄지 않으면 화장실을 몇 번이고 들락거렸다. 체내 수분을 줄이려고 물은 거의 마시지 않고 의도적으로 침을 자주 뱉었다. 그래도 체중에 변화가 없으면 멀쩡한 손톱, 발톱, 머리카락까지 잘랐다. 조금이라도 줄여보려는 마음 때문이었다.

그 여학생은 어느 정도 몸무게를 줄여야 남자들이 자기를 좋아할 것이라는 환상에 사로잡혀 있었다. 남자친구가 안 생기는 원인이 몸매 때문이라고 믿고 있었다. 체중만 줄이면 인생도 변할 거라는 생각에 갇혀 있던 것이다. 이 여학생의 생각과 행동은 좀 지나치지만, 체중이 정상임에도 뚱뚱하다고 여기는 많은 학생들이 자기 모습을 싫어하며 절망하기도 한다.

일본의 한 여학생이 남자친구에게 살을 빼고 싶다고 말하자 남자친구가 발끈하며 반대했다. 여학생이 아무리 애원(?)해도 소용없었다. 스트레스를 받은 여학생이 남자친구에게 따져 물었다.

"내가 다이어트를 하고 싶다는데, 도대체 왜 반대하는데?"

남자친구가 답했다.

"나는 너의 1그램이라도 사라지는 게 싫어."

이런 남자친구를 얻는다면 행복은 충분히 보장된다. 나는 청소년에게 어장관리(이성 친구를 여러 명 두고 그 중에서 고르려는 일) 할 필요 없이, 네 모습 그대로 아름답고 멋지게 바라봐주는 1명만 있으면 된다고 강력히 주장한다. 하지만 많은 청소년, 청년이 자기 외모에 만족하지 못해 성형수술을 받으려 한다. 특히 청소년은 외모에 자부심을 갖지 못한다. "하나님이 사람을 평등하게 만드셨다면 적어도 비주얼(외모)은 비슷해야 하지 않는가?"라며 못마땅해 한다. 하나님께서 연예인을 만드실 때는 '포토샵'으로 섬세하게 그리셨지만, 자기를 만들 때는 '그림판'으로 대충 그리신 게 분명하다며 속상해 한다. 외모가 좋은 여학생이 '소녀시대'면 자기는 '석기시대'라고 탄식한다. 누구는 '수지'처럼 태어났는데 자기는 '저수지' 같다고 비하한다. 이런 청소년에게는 하나님이 불공평한 분으로 여겨진다.

외모에 대한 고민을 가진 청소년에게 나는 이렇게 말해주고 싶다. "외모는 네 잘못이 아니야!"라고. 내가 선택한 외모라면 내 책임이지만, 태어나면서 자기 외모를 스스로 결정한 사람은 아무도 없기 때문이다.

○ **네 얼굴을 그렇게 만든 범인**

'브란젤리나' 커플 사이에 태어난 아이 이름이 샤일로다. 샤일로의 사진을 본 사람은 인형 같은 외모에 감탄할 수밖에 없다. 서양의 요정 엘프 같기도 하다. 이 아이의 외모가 눈부시게 아름다운 까닭은 부모가 영화배우 브래드 피트와 안젤리나 졸리이기 때문이다. 브란젤리나는 이 부부의 이름을 합친 것이다. 샤일로가 자기 외모를 결정하지 않았다. 부모가 워낙 탁월한 외모 유전자를 물려주었을 뿐이다. 태어나서 정신을 차려 보니 아빠가 브래드 피트고 엄마가 안젤리나 졸리였다! 톰 크루즈와 케이트 홈즈 사이에서 태어난 '수리'도 외모가 몹시 아리땁다. 부모 잘 만난 덕일 뿐이다.

나는 청소년 집회에서 "자기 외모에 대해 10점 만점에 몇 점을 줄수 있을까요?"라는 질문을 던지곤 한다. 그러면 대개 부끄러워한다. 그럴 때 힘을 주어 말한다.

"지금 여러분의 얼굴이 그 모양인 건 결코 여러분 잘못이 아니에요! 여러분 얼굴을 그따위로 만든 범인은 어른 둘인데, 여러분 집에있는 여자 1명과 남자 1명이에요. 그 두 공범이 만든 결과이지요."

내 말에 동의하지 않는 청소년을 아직 만난 적이 없다.

몸매도 마찬가지다. 칼로리가 높은 음식을 아무리 많이 먹어도 살 안찌는 청소년이 있다. 분명히 어젯밤 늦게 '먹방'(먹는 방송)을 찍는다면서 먹기 시합처럼 엄청난 야식을 먹는 걸 셀카로 인증까지 했지만 몸무게에는 전혀 변화가 없는 것이다.

반면에 숨만 쉬어도 살이 찐다는 청소년도 있다. 다이어트한다고 금식하다 견디기 어려워 겨우 물 조금 마셨을 뿐인데 몸무게가 추가되는 불가사의에 경악한다.

그들은 소위 말하는 '저벅'(저주받은 허벅지)의 소유자로서, 길을 걸을 때 환청으로 "저벅 저벅" 소리가 들린다고 주장한다. 신진대사가 활발한 유전자를 물려받은 청소년은 탁월한 소화기능 덕분에 아무리 먹어도 살이 찌지 않지만, 그 반대인 청소년은 조금만 먹어도 '생애 최고 몸무게'를 매순간 경신한다. 나는 그들의 죄책감도 면제해준다.

"여러분 몸매가 이렇게 망가진 것도 여러분 탓이 아니지요. 신진대사가 잘 안 되는 유전자를 물려준 범인들 탓인데. 그 범인은 얼굴을 그렇게 만든 범인과 동일범이라고 보면 됩니다."

○　　**큰 머리의 축복**

　　　　외국인들은 한국인이 '머리가 큰 사람'을 부끄러워하는 것을 잘 이해하지 못한다. 내가 집회를 마치고 단체 셀카를 찍으려 할 때 청소년들은 앞에 서기를 싫어한다. 머리가 커 보이기 때문이다. 머리가 크면 왠지 미개한 사람 같고 시대에 뒤쳐진다는 의식에 갇혀 있는 것이다. 그래서 머리가 작으면 부러움의 대상이고 크면 조롱의 대상이 되어버린다.

　　나는 청소년들에게 큰 머리는 범죄가 아니라 축복이라고 강조한다. 사람에게 머리란 USB 같은 일종의 저장장치라고 말해주면 대부분 동의한다. 작은 머리는 소형 USB라고 규정한다. 저장 분량이 16기가 내외인 USB는 보기에 깜찍하고 휴대하기 편리하지만, 대용량 데이터는 담을 수 없다. "체격은 좋으면서 머리는 작은 외모를 선호하는 친구는 나중에 소원대로 '브론토 사우르스'(몸길이 20미터, 몸무게 30톤이지만 머리는 작은 초식공룡) 모양의 배우자를 만나게 될 것"이라고 예언하면 머리 큰 청소년은 의기양양 "아멘"을 외친다.

　　반면 테라바이트(1 Tera Byte = 1000기가)급 외장하드디스크는 어떤 용량의 파일이나 영상물도 넉넉히 담을 수 있다. 그러므로 머리가 작아 보이는 것에 관심을 두지 말라. 머리에 무엇을 담고 있고, 얼마나 더 담을 수 있을지 생각하라. 성령이 임하시면 자녀들은 예언하며 청년들은 환상을 보고 아비들은 꿈을 꾸게 된다(행 2:17)고 했으니, 하나님께서 청소년에게 블루레이급 고화질로 환상을 보여 주시면, 그 놀라운 환상을 큰 머리 안에 잘 담으라고 축복한다.

"외모가 뛰어나면 모든 면에 큰 도움을 받을 수 있지. 네가 이미지로 사람들에게 호감을 주지 못하면 많이 힘들 수도 있어. 하지만 외모가 도와주지 않아도 너는 얼마든지 극복할 수 있어. 외모가 때로는 핸디캡일 수 있지만, 너의 노력으로 충분히 극복할 수 있으니까 하나님께서 이 모든 걸 허락하신 거란다. 너의 상처가 반드시 별이 되게 하실 거야(scars into stars). 네 눈물을 반드시 진주로 바꾸어주실 거야. 그러니 외모 때문에 좌절하지 마렴. 어떤 불리함도 이겨내는 예수님의 능력으로 당당하게 일어서기 바란다."

○ **꽃들끼리는 경쟁하지 않는다**

모든 꽃이 봄에 피는 것은 아니듯, 꽃들의 모양과 색깔도 일정하지 않다. 꽃들끼리 누가 가장 빨리 피는지 시합하지도 않는다. 사람에 따라 좋아하는 꽃은 다를 수 있지만, 꽃밭에서는 그런 시합이 있을 수 없다. 어느 꽃이 가장 아름다운지 비교하는 시합이 있다 해도 의미가 없다. 꽃들은 하나님께서 정하신 계절에, 하나님께서 주신 모양과 빛깔로 저마다 아름답게 피어난다.

꽃은 계절마다 자기가 필 시기에 피어난다. 다른 계절에 피어나는 꽃들끼리 경쟁하지 못한다. 같은 계절에 피어도 주변의 다른 꽃들끼리 경쟁하지 않는다. 봄에 피는 꽃은 겨울 꽃보다 늦게 피었다고 열등감에 빠지지 않고, 여름 꽃보다 빨리 피었다고 교만하지 않는다. 왕궁에 피어난 꽃은 왕에게 기쁨을 준다고 으스대지 않으며, 광야의 꽃이 아무도 자기를 바라보지 않는다 하여 우울해하지 않는다. 하나님께서 정하신 자리에서 하나님께서 허락하신 자기만의 색깔로 피어날 뿐이다.

계절에 맞게 피어난 꽃들은 저마다 존재의 이유가 있다. 지루한 겨울이 지나고 화사한 봄에 피어나는 꽃은 봄이 왔음을 알리며 생명의 아름다움을 깨닫게 한다. 여름에 피어나는 꽃은 무더운 더위에 지친 사람에게 시원한 위로를 준다. 가을에 피는 꽃은 수확의 즐거움과 넉넉한 기분을 느끼게 한다. 차가운 겨울에 피어나는 꽃은 추위마저 이기는 경이로운 감동을 준다. 이 땅에 온 모든 사람에게는 꽃처럼 저마다 하나님께서 준비하신 목적이 있다.

내게 줄로 재어 준 구역은 아름다운 곳에 있음이여 나의 기업이 실로 아름답도다 _시편 16:6

다른 사람이 보기에는 열악해 보이는 땅에서 피어나고 피어나는 시기도 적절해 보이지 않을지라도, 지금 이곳에서 내가 꽃으로서 피어나야 함을 깨닫고 묵묵히 자기만의 꽃을 피울 때, 꽃 같은 그리스도인은 그리스도의 향기를 모든 이에게 내뿜게 된다. 이는 예수 심장을 가진 사람들에게만 일어나는 놀라운 역사다.

○ **너는 작품이고 천연기념물이다**

하나님은 사명만 주시고 빈손으로 세상에 보내지 않으신다. 저마다 그 일을 감당할 수 있는 충분한 조건을 미리 갖추어 보내신다. 그 조건, 곧 은사는 예수 심장이 알게 해준다. 예수님의 사람은 자기 안에 미리 마련해주신 하나님의 은사를 발견하고, 그것으로 인해 만족하며 감사한다. 그 은사대로 꽃을 피우며 열매 맺는 삶으로 인도받는다. 그런데 사람들은 자기가 늘 부족하고 모자란다고 생각한다. 그래서 무엇인가 더 채워야 한다고 생각하며, 대개 그것을 외부에서 찾아 채우려 한다. 하지만 진정한 자신만의 삶을 이루기 위해 필요한 것은 이미 자기 안에 있다. 하나님께서 이 땅에 보내실 때 주신 것이다.

하나님께서는 우리에게 필요한 모든 것을 이미 우리 안에 다 주셨다. 그럼에도 지금 가진 것으로는 세상에서 많이 모자란다고 생각한다. 입시생은 입학 전형 면접관들의 기준에 맞추려 노력한다. 학부형들은 다른 학부형이 그 자녀에게 시도하는 방법을 자기 자녀에게도 하지 않으면 뒤처진다는 불안감에 휘둘린다. 그래서 자녀를 더 힘들게 한다. 학생들은 '혹시라도 필요하지 몰라서'라는 생각 때문에 필요 이상의 사교육에 허덕이고 있다.

스마트폰에는 다양한 기능을 가진 어플들이 기본적으로 깔려 있다. 기본 어플만 제대로 활용해도 생활에 상당히 편리하고 효율을 얻을 수 있다. 하지만 그런 어플도 제대로 사용하지 못하면 스마트폰은 단지 100만 원짜리 휴대용 전화기나 시계에 지나지 않는다.

사람들은 자기 안에 스마트폰의 기본 어플들처럼 다양한 기능이 이미 설치되어 있음을 모른다. 그것을 성경은 은사라고 말한다. 그를 향한 하나님의 특별한 꿈과 설계가 담긴 프로그램 같은 것이다. 스마트폰 어플은 손가락으로 터치해야 비로소 작동한다. 그런 어플처럼 하나님의 손가락으로 한 생명을 터치하실 때 그 사람 안에서 하나님의 꿈이 실행되는 것이다. 하나님께서 만져 주시기 전에는 가능성으로만 존재하지만, 하나님께서 만지시면 놀라운 기능이 작동되는 것이다.

네게 필요한 모든 것은 이미 네 안에 다 있다(Everything you need is already in You). 그러므로 나에게 없고 남에게 있는 것을 부러워하지 말자. 남에게 없고, 오히려 내 안에 있는 것을 잘 훈련시켜나가자. 그러면 빛나는 삶을 만들어 나갈 수 있다. 비록 지금은 내게 세상이 선호하는 모습이 없다 하여도, 그것은 결코 결격 사유가 아니라는 것을 기억하라. 너는 독특하다. 너만이 할 수 있는 것이 있다. 너는 제품이 아니고 작품이기 때문이다.

제품은 공장에서 찍어내는 것이다. 제품은 사양에 따라 가격이 다르게 매겨진다. 회사의 브랜드 가치에 따라 같은 수준의 제품이라도 가격은 천차만별이다. 휴대전화가 어느 회사 제품인가에 따라 가격이 차이나는 것과 같다. 같은 회사 제품이라 해도 사양에 따라 역시 차이가 나기 마련이다. 그러나 하나님께서 만드신 우리는 그런 제품보다 귀한 하나님의 작품이다. 그냥 작품도 아니다. 가장 뛰어난 마스터가 만든 최고의 걸작품, 마스터피스다.

천연기념물로 지정된 동식물은 아주 희귀하기에 그 가치를 인정받고 보호받는다. 그 동식물들이 사람들에게 아주 특별한 노동력을 제공하거나 넉넉한 식량을 제공하기에 가치를 인정받는 것이 아니다. 그들은 단지 희소하다는 이유만으로 소중하게 보호받는다. 천연기념물로 지정된 존재들만 그런 대우를 받는 것이 아니다. 이 땅의 모든 동식물은 각각 결코 대체할 수 없이 유일한 존재들이다. 우리가 하나님을 위해 특별한 일을 하지 않았다 해도, 우리는 이미 누구도 우리를 대체할 수 없는 유일의 존재다.

우리의 지위와 성취 능력과 상관없이 우리에게 불멸의 가치가 있음을 알아야 한다. 우리는 이 사실 하나만으로도 존재할 이유가 있다. 그러므로 어떤 비난이나 지적에도 흔들리지 말고 자기 자신의 가치를 스스로 지켜야 한다.

청소년 시기에는 특히 하나님께서 각자에게 주신 특별한 은사를 확인하고 계발하는 데 집중해야 한다. 그러나 이토록 소중한 시간과 열정을 세상과 사람들이 원하는 것을 갖추는 데 낭비해버리고 만다. 예컨대 지금은 어떤 직업이 유망해 보여 그것을 준비하더라도, 앞으로 시대가 급속히 발달하면 금세 사라져 버릴 가능성은 계산하지 못하는 것이다. 유명한 미래학자 앨빈 토플러가 한국에 왔을 때, 한국의 교육상황에 대해 이렇게 탄식했다.

"한국의 청소년들은 참 불행하다. 앞으로 5년 안에 없어질 지식과 10년 안에 사라질 직업을 위해 그들의 청춘을 낭비하고 있다."

장차 인공지능이 급속히 발달하면 현재 견고해 보이는 직업이 상당수 사라질 것이라고 한다. 영국 옥스포드 대학교의 마이클 오스본 교수는 〈고용의 미래〉라는 보고서에서 지금 잘 나가는 700개 직업 중에서 50퍼센트는 앞으로 20년 안에 사라진다고 진단한다. 그가 사라질 가능성이 높은 직업으로 지목한 것이 요리사, 아나운서, 판사, 은행원, 교사 등이었으며, 지금까지 가장 인기 있는 직업 중하나로 꼽혀온 회계사의 94퍼센트는 사라질 것으로 예측했다. 지금 좋아 보이는 직업이 얼마 가지 않아 사양길에 든다는 것이다. 그러므로 청소년이 미래의 직업을 꿈꾸고 선택할 때, 당장의 이익에 급급하거나 단편적 정보에 의해 결정하면 위험하다.

○ **세상을 흉내내지 말고, 세상이 나를 감탄하게 하라**

개그맨을 뽑는 시험에서 인기 개그맨이나 연예인의 성대모사를 잘 하여 합격할 수는 있지만, 그런 개그맨의 수명은 그리 길지 않다. 남과 다르고 차별화되는 개인기가 경쟁력이다. 사람들도 어디에서 보았거나 경험한 것 같은 재주는 결국 오래가지 못한다. 앞서 각광받았던 이들을 흉내내는 미투(me too) 전략은 더 이상 효과가 없다. 우리는 남의 흉내를 잘 내서 가치 있는 존재가 아니다. 나다운 모습을 보일 때 가장 빛나는 것이다.

다니엘과 그의 세 친구들은 바벨론의 기준에 맞추지 않았다(다니엘 1장). 왕의 진미와 포도주를 먹어야 왕이 요구하는 외모를 가진 게 된다는 명령을 단호히 거절했다. 그들은 채소와 물을 먹으면서도 열흘 후 산해진미를 먹은 이들보다 빛나는 모습을 갖게 되었다.

아무리 멋지고 화려해도 누군가를 모방하면 자기의 진짜 가치를 나타내지 못한다. 그렇게 해보았자 누구 많이 닮았다는 이야기를 들을 뿐이다. 명품으로 치장하면 자기도 부자처럼 보일 수 있다고 믿는 어리석은 사람과 같다.

그러므로 세상의 기준에 나를 맞추지 말라. 지금 내 외모가 현대 사회에서 요구하는 것과 다르다고 좌절할 이유가 없다. 성형으로 자기 얼굴을 함부로 훼손해선 안 된다. 다른 사람들이 나의 독특한 아름다움을 시기하거나 이해하지 못할 뿐이다. 모델 장윤주처럼, 언젠가는 나의 개성이 가장 각광받을 시대가 온다는 자부심을 가져야 한다. 요즘 가장 '핫'하다는 연예인들의 화장법과 패션을 따라할 이유도 없다. 그들의 외모를 흉내냈다고 해서 그게 나의 가치가 되는 것이 결코 아니다. 송혜교 스타일 머리는 송혜교니까 어울리는 것이다. 내가 그 머리를 하면 그저 세련된 '오징어'(외모가 못 생겼다는 뜻의 은어)에 불과해진다.

02

숫자가
나를 지배하지 못한다

○ **금수저가 네 수저냐? 흙수저가 네 수저냐?**

슈바이처가 어렸을 때 동네 친구와 치열하게 싸워 이긴 적이 있었다. 슈바이처가 의기양양해하자 피 흘리며 쓰러져 있던 친구가 말했다.

"나도 너처럼 매일 고기를 먹었다면 지지는 않았을 거야."

이 말에 충격 받은 슈바이처는 이후 자기보다 어려운 환경에 처한 사람을 돌보는 일에 관심이 생겼다고 한다.

실력과 노력보다 신분에 의해 미래가 결정되는 사회 시스템은 많은 이를 절망에 빠뜨린다. 이런 절망이 이어지면 불만이 되어 쌓이고 심하면 폭력으로 이어질 수 있다. 어떤 사회학자는 현대 한국 청소년 사이에 폭력과 폭언이 많아지는 이유 중 하나가 사회 구조적

한계가 낳은 절망을 표출할 방법이 따로 없기 때문이라고 설명한다. 이런 상황이 갈수록 굳어지는 것 같아 안타깝다.

우리는 현실에서 학력과 직업이 대물림되는 시대를 살아가고 있다. 자기 능력과 성실성과 상관없이 출생배경에 의해 미래가 결정된다고 자포자기하는 청년이 갈수록 늘고 있다. 그래서인지 오늘날 조국의 많은 청년 세대가 자신에 대해 자부심을 가지지 못하는 것 같다. 가정 환경이나 경제 능력 같은 상황에 대해서도 만족하지 못한다. 청소년과 청년은 "내 주제에"라는 식으로 자기비하에 익숙해지고 있다. 이렇게 자부심이 사라지는 건 어쩌면 외모에 대한 불만보다 현실적인 문제다. 이런 문제가 증폭되면서, 교회를 다니는 젊은 세대마저 하나님은 불공평하시다는 생각이 굳어진다.

사실, '어떤 환경에서 태어나 자라는가'는 인생 방향에 결정적 영향을 준다. 이름 있는 학교에 진학하려면 엄마의 정보력과 할아버지의 재력, 아버지의 무관심이 있어야 가능하다고 자조적으로 말한다니 참으로 가슴 아프다. 같은 교실에서 같은 교복을 입는 학생이지만, 집안 배경에 따라 사는 게 전혀 다른 걸 확인하면 참담해진다. 최근에는 어린이집부터 '등급'이 정해지고, 그 등급이 초등학교-중학교-고등학교-대학교-직장-결혼까지의 인맥으로 결정되는 경우가 늘고 있다고 한다. 이전에는 전교 1등과 꼴등이 친구가 되는 것이 가능했지만, 이제는 교제권 자체가 완전히 구별된다. 심지어 같은 아파트 단지에 살아도 평수에 따라 친구도 나눠지는 안타까운 현실을 마주해야 한다.

똑같은 방학을 보내도 방학 기간을 즐기는 모습은 전혀 다르다. 요즘 출생 신분을 지칭하는 흔한 말로 '금수저'는 뉴욕 거리나 파리 공원에서 찍은 인증샷을 여행스타그램(여행 사진 instagram)에 올린다. '은수저'는 동남아리조트에서 이국적인 음식을 잔뜩 맛보고 먹스타그램(음식 사진 instagram)에 올린다. '흙수저'는 방구석에서 우울한 표정이나 찍어 얼굴책(facebook)에 올린다. 그건 그나마 낫다. 어떤 청소년은 방학 기간이라 학교 급식을 먹을 수 없어 점심을 굶어야 한다.

기업체 임시직인 인턴도 숟가락 색깔에 따라 달라지고 있다. '금턴'으로 불리는 최상급 인턴은 말 그대로 금수저만 될 수 있다. 유명 법무법인, 공기업, 대기업 같은 곳이 금턴 자리를 제공한다. 말이 인턴이지 왠만한 정규직 못지 않다. 그런 자리는 소위 인맥 같은 '빽'이 없으면 얻기 힘들다. 이들은 충분한 보수와 대우를 보장받고 정직원이 될 기회도 많다. '은턴'은 적어도 노동에 대한 대가를 정당하게 보장받는 자리다. '흙턴'은 특별히 배우는 업무도 없이 허드렛일이나 소모적인 단순노동만 한다. 일은 정직원과 똑같이 해도 최저 임금 이하를 받기도 하는 질 낮은 업종이다. 이력서에 적어 넣을 경력 한 줄이 아쉬운 청년들은 이런 흙턴에도 목을 맨다. 그래놓고도, 인턴 과정이 끝난 뒤 자기보다 객관적으로 뒤쳐지는 경쟁자가 배경 좋다는 이유로 더 나은 자리를 차지하면 속상한 걸 견디기 어렵다.

○   **숫자가 나를 지배하지 못한다.**

　　세상은 숫자가 지배하는 것처럼 보인다. 특히 청소년에게는 꼬리표처럼 따라 다니는 숫자가 미래를 결정하는 것처럼 느껴진다. 학교등수, 내신등급, 모의고사 점수와 전국 석차는 장래를 확정하는 운명의 숫자처럼 보인다. 그래서 청소년과 청년은 좀 더 경쟁력 있는 숫자를 확보하기 위해 연일 밤을 새며 몸부림친다. 조금이라도 좋은 숫자가 나오면 안심하고 뿌듯해지지만, 원하는 숫자를 얻지 못하면 좌절하고 절망하며, 심지어 목숨을 끊는 이도 있다. 얼마 전 우리나라 당구 국가대표 선수가 투신자살했다. 그는 정말 촉망받는 선수였지만 뇌수술 이후 자기에게 더 이상 미래가 없음을 슬퍼하며 스스로 목숨을 포기했던 것이다.

　대한민국의 청소년 인구는 대략 400만 명 정도로 추산한다. 그 가운데 58.8퍼센트가 자살을 생각하며 11.1퍼센트가 실제 자살을 시도해본 적이 있다고 한다. 이는 전국의 청소년 중 250만 명이 자살을 생각하고 무려 44만 명이나 자살을 시도해보았다는 뜻이다. 이를 좀 더 추려서 생각해보면, 1,500명이 정원인 고등학교에서 자살을 생각한 학생이 877명이며 160명이 자살을 시도한다는 것이다. 이를 45명 정원인 학급 단위로 계산해보자. 한 학년을 12학급으로 나눈다면 1학년 1반에서 2학년 10반까지의 학생 모두가 자살을 생각했으며, 1학년 1반에서 4반까지는 모두 자살을 시도했다는 끔찍한 결과가 나온다.

　1994년 수능이 시작된 이래 자살한 청소년이 8,000명이라고 한다. 1964년에서 1973년까지 월남전에 32만 명의 한국군이 투입되었다. 베트남 전쟁은 인류 전쟁사에서 정말 잔인한 전쟁이었는데, 그 혹독한 9년간의 전투에서 전사한 한국군이 총 5,000명이다. 그렇게 보면 입시전쟁으로 인한 청소년의 자살률이 얼마나 큰 문제인지 알 수 있다. 청소년이 자살하는 이유는 주어진 처지를 비관하고, 결국 그 상황에 자신이 함몰되기 때문이다. 자기 상황에 대한 불만을 극복하지 못하면 이처럼 비극적인 결말을 맞게 될 수도 있다.

○　　　**하나님의 수학 공식**

　　　사실 세상은 숫자에 근거해 사람의 가치를 평가한다. 스포츠 팀은 매 시즌이 끝나면 선수의 연간 성적을 정리해 이를 근거로 이듬해 계약 연장과 연봉을 정한다. 회사는 성과에 비례해 승진과 연봉을 정한다. 고등학교는 세상이 알아주는 대학교에 몇 명을 입학시켰는가에 따라 순위가 매겨진다. 하지만 숫자는 단지 확률 높은 예측 자료에 지나지 않는다. 확률이 높다고 반드시 성공하는 것은 아니다. 그럼에도 불구하고 사람들은 숫자로 인해 자기 가치가 상대적으로 적다고 느껴지면 열등감에 빠진다.

　　요즘엔 SNS '좋아요'(like) 숫자에도 목을 매는 것 같다. 사진을 여러 장 찍고 그 중 가장 잘 나와 마음에 드는 이른바 '인생컷'을 올려놓고 다른 사람들이 눌러주는 '좋아요' 숫자가 마치 자기 등급인 것처럼 생각하는 것이다. 그러나 과연 좋아요 숫자가 그의 가치를 좌우할까? 세상이 매기는 수치가 그의 전부일까?

많은 사람은 세상이 매기는 가치가 자기의 전부인 줄 안다. 현재 다니는 직장, 입고 다니는 옷, 살고 있는 아파트 평수가 자기 가치인 줄 생각하는 것이다.

이전에 방송된 자동차 광고 중에 참 가슴 아픈 것이 있었다. 동창회를 배경으로 만든 광고였는데, 오랜만에 만난 중년의 친구들이 어떻게 지내느냐고 질문하자 대답 대신 씩 웃으며 타고 다니는 대형차를 보여주는 내용이었다. 그 대형차를 사서 타고 다니면 성공한 사실을 상징적으로 자랑할 수 있다고 유혹하는 광고였다.

하나님의 수학 공식은 세상의 수학 공식과 다르다. 모두가 부러워할 만큼 좋아 보이는 상황(Good)에서 하나님(God)을 빼면 어떤 일이 벌어질까?

Good − God = 0.

0(제로)가 남는다. 반면 아무것도 없는 사람에게 하나님이 임하시면 어떤 일이 벌어질까?

0 + God = Good.

아무 것도 없던 그의 삶은 좋은 것으로 가득 채워진다.

아인슈타인이 상대성 원리를 규정하면서 "에너지는 질량에 빛의 속도 제곱이다"라는, $E = mc^2$라는 공식을 만들었다. 이 공식은 우라늄의 무게는 가볍고 작아도 엄청난 에너지를 방출한다는 것을 증명하는 계기가 되었다. 이전까지는 크고 무거운 무기일수록 강력한 파괴력을 지닌다고 생각했지만, 그 편견을 바꾼 것이다.

승패를 결정하는 힘

　　세상은 눈으로 보이는 물질적 성과와 수치를 성공의 가치로 본다. 그래서 사람들은 스펙을 더 쌓으려고 한다. 마치 전쟁이 일어날까봐 더 많은 병사와 무기를 확보하려고 애쓰는 것과 같다. 인생이라는 전쟁터에서 살아남기 위해 남들보다 효과적이고 우월한 전력을 구축하려는 것이다.

　　하지만 앞의 공식에서 보듯 인생의 승패를 결정하는 힘은 숫자가 아니라 하나님이시다. 하나님께서 세상의 관점으로 보기에 형편없는 내 삶에 임하실 때 정말 아름다운 변화가 실제적으로 일어나게 된다. 패배자 같은 사람이라도 하나님께서 붙드시면 세상을 이기는 능력으로 승리하게 된다.

　싸울 날을 위하여 마병을 예비하거니와 이김은 여호와께 있느니라

　_잠언 21:31

　　하나님의 명령으로 애굽으로 갈 때 모세가 가진 유일한 무기는 낡은 지팡이였다. 당시 목자가 흔히 사용하던 그의 지팡이는 거대한 제국 애굽을 무너뜨리는 하나님의 도구가 되었다. 넓고 깊은 홍해를 가르며 황량한 사막에서 목마른 백성에게 샘물을 낼 때마다 그 지팡이가 사용되었다.

　　다윗이 주운 다섯 개의 돌멩이는 어디서나 주울 수 있고 평범하다 못해 초라한 것이었지만, 완전무장한 골리앗을 쓰러뜨리는 하나

님의 도구가 되었다. 엘리야가 만난 사르밧의 과부는 한 끼 해먹을 분량의 밀가루와 기름만 남은 초라한 처지였지만, 하나님의 사람을 섬기고 하나님께 순종하는 뜻으로 남은 것 전부를 엘리야에게 대접했다. 그리고 기나긴 기근 동안 그녀와 아들의 생명을 지켜주시는 하나님의 역사를 경험했다.

쿠바에 가면 헤밍웨이가 즐겨 찾았다는 식당이 있다. 그 식당에서 헤밍웨이가 앉았던 식탁은 추가 비용을 지불해야 앉을 수 있다. 헤밍웨이가 그 자리에 앉았다는 것만으로 가격이 상승한 것이다. 내 인생에도 하나님께서 임하시면 가치와 능력은 급상승한다. 현재 상황과 조건이 아무리 불리하고 열악해도, 하나님께서 임하시면 엄청난 가치가 더해지기 때문이다. 그러니 우리 삶의 모든 상황에서 하나님의 임재를 체험하면 언제나 감사할 수밖에 없다.

○　　　**환경을 뛰어넘는 예수님의 감사**

예수님께서는 보리떡 5개와 물고기 2마리로, 장정 숫자만으로 계산해도 오천 명을 먹이셨다. 여자와 노인과 아이까지 합하면 그 세 배는 먹었을 것이다. 이는 마가복음 6장에 기록된 놀라운 사건이다. 예수님은 한 아이의 도시락에 불과한 보잘것없는 음식에 감사 기도를 드리시며 놀라운 기적을 이루셨다. 준비한 음식이 그것뿐이라고 제자들을 야단치지도 않으셨다.

이 기적을 행하신 예수님은 마가복음 8장에서 또 장정 숫자만으로 4천 명을 먹이시는 기적을 다시 행하신다. 이때 제자들에게는 떡 7개가 있었다. 앞서 기적을 경험한 제자들이기에 얼마든지 믿음으로 반응해야 했다. 이전에는 장정이 5천 명이었는데 이제는 4천 명이고, 이전에는 빵이 5개였는데 지금은 7개나 된다. 그러면 "지난 번에 예수님이 기적을 행하셨던 것처럼 지금 또 기적을 일으켜주소서"라고 말하는 것이 제자들의 마땅한 태도일 것이다.

하지만 제자들은 이번에도 갈팡질팡한다. 예수님은 그래도 제자들을 책망하지 않으신다. 예수님은 7개의 빵이 있는 것을 감사하며 군중을 다 먹이시고 일곱 광주리나 남기셨다.

예수님은 어떤 상황에서도 감사하셨다. 심지어 십자가를 지시기 전 날에도 십자가를 지시는 것은 영화로운 일이라고 하나님께 찬양과 감사의 기도를 올리셨다(요한복음 17:1).

예수 심장이 작동되는 예수님의 사람은 어떤 실망스러운 상황 속에서도 예수님처럼 감사할 이유를 발견한다. 예수님은 주변 사람들, 특히 제자들이 한심할 정도로 성장하지 않아도 감사를 잃지 않으셨다.

많은 사역자가 제자들에게 사랑과 관심을 주다가, 아무런 변화가 없어 보이면 지쳐서 관심을 끊기도 한다. 예수님은 제자들이 실망시키고 기대만큼 성장하지 않아도 끝까지 사랑하셨다(요한복음 13:1). 그런 예수 심장의 은혜가 임해야 비로소 지치지 않고 사랑하며, 그럼에도 불구한 상황에도 감사할 수 있다.

○　　　　하나님의 사람은 불평하지 않는다

　　요셉의 인생에서 30세까지는 통편집해버리고 싶은 사건의 연속이었다. 그의 삶은 내리막길의 연속이었다. 그가 태어나면서 만난 상황은 어머니가 4명, 배 다른 형이 10명, '전문 용어'로 하면 콩가루 집안이었다. 어머니들은 아버지를 먼저 차지하겠다고 노골적으로 수치스럽게 싸웠으며, 자녀끼리도 치열하게 다투고 갈등하는 가정이었다. 그럼에도 요셉은 불평하지 않았다.

　일하러 나간 형들을 찾아가 섬기라는 아버지의 심부름에 순종해 어렵게 형들을 찾아갔지만, 형들에 대한 그의 우호적 기대는 산산이 부서졌다. 아버지가 입혀준 채색 옷은 찢겨져 짐승의 피가 묻었다. 구덩이에 던져진 요셉은 구사일생으로 목숨은 구했지만 미디안 장사꾼에게 헐값으로 팔렸다.

　애굽에서 노예로 살던 요셉은 주인의 인정을 받아 가정 총무까지 됐지만 여주인을 성추행하려 했다는 누명을 뒤집어쓰고 감옥에 가게 되었다. 감옥에서도 성실성을 인정받아 상황이 나아지는가 싶었지만, 요셉이 꿈을 해석해주고 풀려난 관원에게 배신당하기도 했다. 그래도 요셉은 불평하지 않았다.

　만일 요셉이 형들에 의해 노예로 팔려갔을 때 신병을 비관해 자살했다면, 사람들은 '오죽했으면 그랬을까' 하고 동정했을 것이다. 하지만 요셉은 어떤 억울한 대우를 받아도 불평하지 않았다. 그가 하나님을 섬기는 사람이었기 때문이다.

03

프로 불평러의
불만 탈출기

○ **불평에도 프로가 있다**

　　습관적으로 불평하는 사람을 요즘 아이들은 '프로 불평러'라고 부른다. '-러'는 표준어는 아니지만, 무엇을 지속적으로 잘하는 사람에게 영어에서 '무엇을 하는 사람'을 뜻하는 접미사 '-er'을 붙여 만든 신조어다.

　　그런 의미에서 출애굽한 이스라엘 백성은 역사상 습관적으로 불평을 쏟아낸 프로 불평러 중에서도 지존이라 할만하다. 그들은 하나님의 영광을 직접 눈으로 경험하면서도 신속하게 불평거리를 찾아내곤 했다.

　　그들은 먹을 것이 없는 광야에서 만나를 처음 보았을 때 격렬히 환호하며 하나님을 찬양했다. 그러나 얼마 지나지 않아 환호는 불평과 원망으로 바뀌었다. 하나님이 내려주신 만나를 "이따위 만나"라고 평가절하하기도 했다. 매일 만나만 먹다보니 좀 질리긴 했던가 보다.

남편을 먼저 천국에 보낸 여인에게 딸이 있었다. 어머니는 자기 행복은 전혀 고려하지 않고 정성을 다해 그 딸을 양육했다. 세상에서 성공하기를 바란 딸은 열심히 공부해 대학교수가 되었다. 딸은 교수로 임용된 것을 기념하고 자기를 위해 헌신한 어머니에게 진심으로 감사하여, 어머니가 가장 원하는 것을 선물하고 싶었다. 어머니는 유일한 소원이 딸과 함께 교회 가는 것이라고 말했다. 딸이 어렸을 때 교회에 데리고 다녔지만 청소년 시절에 교회를 떠났기 때문이었다. 딸은 내키진 않았지만 어머니 소원을 들어드리려고 교회에 따라갔다. 어머니는 평생 소원이 이루어졌다고 기뻐했다.

딸은 어른이 되어 처음 간 교회에서 어머니와 함께 오전예배와 점심식사, 그리고 오후예배까지 시간을 보냈다. 딸은 집에 돌아오자마자 이런 저런 불평을 털어놓았다.

"엄마 다니는 교회, 음악 수준이 좀 낮더라."

"목사님이 설교시간에 인용하신 예화는 사실이 아니고, 인용도 적절하지 못하더라."

"성도들이 점심 먹고 이야기 나눌 때 다른 사람을 깎아내리는 말을 하더라."

딸은 하루 동안 받은 느낌을 쉴 새 없이 쏟아냈다. 좋았다는 이야기는 별로 없었다. 어머니는 딸의 불평에 대꾸하지 않고 조용히 들기만 했다. 딸이 말을 마치자, 어머니는 잠시 침묵하더니 나직이 말했다.

"나는 교회를 50년 다니는 동안 예수님밖에 안 보이던데, 너는 오늘 하루 갔는데 참으로 많은 것을 보았구나."

어머니의 말에 딸은 부끄러움을 느꼈다. 그 후 어머니를 따라 교회를 다니며 신앙생활을 잘했다고 한다.

○ **흙 속에서 진주를 찾으라**

우리도 각자 삶의 자리에서 분노, 원망, 저주의 이유를 찾아내기는 어렵지 않다. 가정, 학교, 교회에서 잘못을 찾아내기는 쉽다. 어떤 상황과 환경에서도 불평할 일은 있기 마련인 탓이다. 그러나 예수님을 믿으면 최악에서 최선을 찾아내는 능력이 생긴다. 예수 심장이 그런 능력을 주기 때문이다.

뛰어난 스카우터는 흙 속에서도 진주를 찾아내는 사람이다. 다른 스카우터가 평범하게 보거나 평범 이하로 본 선수에게서 놀라운 잠재력을 발견한 스카우터는 소속 팀에 큰 유익을 안겨준다.

때로 천문학적 금액을 주고 영입했는데 기대와 달리 성적이 부진하고 결국 '먹튀'해버리는, 다시 말해 거액 연봉을 받고도 제대로 활약하지 못하고 떠나는 선수도 허다하다. 반면 기대하지도 않았는데 놀라운 활약을 펼쳐 팀의 기둥이 되는 선수 또한 적지 않다. 그런 선수를 잘 구별하는 능력이 프로 스포츠 팀 스카우터에게 반드시 필요하다. 우리에게도 그런 능력이 필요하다.

예수 심장이 있는 사람은 더 이상 나빠질 수 없는 최악의 상황 속에서도 도리어 기대하고 감사하고 기뻐할 조건을 발견한다. 예수 심장에서 흘러나오는 피가 우리 안에 가득해지면 모든 것을 예수님의 눈으로 보기 때문이다. 그러면 하나님께서 만드신 모든 피조물의 아름다움이 비로소 보이게 된다. 사소한 잎사귀 하나에도 하나님이 창조하신 우주를 느끼게 된다. 특별할 것 없는 일상에서도 다른 사람은 발견할 수 없는 가치를 발견한다. 지금은 비록 형편없어 보이는 것 안에서도 놀라운 가능성을 보게 되는 것이다. 반대로 예수 심장이 없으면 하나님이 지으신 어떤 피조물이라도 지루해 보이고 그 진가를 알지 못한다.

○ **감사는 해석하는 능력이다**

지금으로부터 약 60년 전의 사람들에게 일반적으로 필요한 생활용품은 72가지였으며 생활에 절대적으로 필요한 필수품은 18가지였다. 그런데 현대는 일상생활에 필요한 것이 500가지이며 반드시 필요한 것은 50가지라고 사회학자들은 분석한다. 필요한 물건을 과거보다 훨씬 더 많이 누리며 사는 셈이다. 그런 현대인이 과연 60년 전보다 더 행복하다고 자신 있게 말할 사람은 얼마나 될까?

진정한 감사는 해석하는 능력에서 나온다. 뛰어난 감독일수록 경기 상황을 잘 해석하고 그에 맞게 조치하여 불리한 경기도 뒤집고 승리하게 되지만, 어리석은 감독은 상황을 오판하고 엉뚱하게 대처해 다 이긴 경기도 내주게 된다. 예수 심장을 가진 사람은 상황을 정확하게 해석하며 적절한 처방으로 고비를 넘어간다. 절대적으로 불리한 상황에서도 새로운 가능성을 발견한다. 현재 상황에서 얼마나 많이 감사한 점을 발견하느냐는 해석의 능력이 중요한 것이다.

많은 청년이 지금 하는 일은 원하던 일이 아니며, 진짜 하고 싶은 일을 위해 잠시 견디는 것이라고 생각한다. 미래에 이루고 싶은 일을 위해 현재를 버티겠다는 생각이 나쁘진 않다. 정말 하고 싶은 일을 위해 지금 하기 싫은 일을 참아내는 건 바람직하다. 하지만 예수 심장이 정상적으로 작동하면 현재의 행복을 온전히 누리게 된다.

누구에게나 다시 돌아가고픈 즐거운 과거가 있지만, 나에게 가장 행복한 시간은 과거의 어느 날이 아니다. 이미 우리를 떠나간 그날은 영원히 돌아오지 않는다. 지난 과거에서 행복했던 날만 집착한다면 오늘의 행복을 결코 누릴 수 없다. 나에게 가장 즐거운 시간은 미래의 어느 날이 아니라 바로 오늘이다.

하나님의 사람은 행복과 감사를 미래라는 통장으로 이월시키지 않는다. 지금 당장 행복이라는 현찰을 손에 쥐고 사용하면서 그 효과를 직접 누리는 것이다. 가진 것이 부족하고 불편한 것이 많아도 마치 모든 것을 가진 것처럼 살아가는 사람의 행복은 전염성이 강하다. 주변 사람도 행복하게 만든다. 그가 살아가는 삶의 자리는 천국으로 변하게 된다.

○ **감옥도 이기는 예수 심장**

청소년끼리 이런 우스갯소리도 한다.

"학생이라는 죄로 교복이라는 죄수복을 입고, 학교라는 감옥에서 졸업이라는 석방을 기다린다."

학교를 감옥으로 인식하는 것이다. 군대 또한 젊음이 갇혀 버리는 공간이라고 푸념한다. 죄수의 인권이 개선된 현대에도 감옥 생활은 힘든데, 하물며 지금부터 2천 년 전의 감옥은 어떤 자비도 허용되지 않는 열악한 장소였다.

〈빌립보서〉를 쓸 때 바울은 로마 감옥에 갇혀 있었다. 감옥에 갇혀 살아간다는 것은 여간 고통스러운 삶이 아니다. 밀폐된 공간에서 활동이 자유롭지 못해 만나고 싶은 사람을 마음대로 만날 수 없다. 하고 싶은 일을 할 수도 없다.

바울은 감옥에 갇힌 채 많은 어려움을 겪었으며, 말할 수 없는 불편을 겪어야 했다. 자유를 박탈당하고, 언제 풀려날지 기약할 수 없었다. 바울이 옥에 갇힐 심각한 죄를 지은 것도 아니었다. 바울은 복음을 전한다는 것 때문에 유대인에게 미움을 받아 붙잡힌 것이다. 그런 바울이 로마 시민권을 가졌으므로 로마 황제에게 재판을 받으려고 로마로 온 것이었다. 그러나 로마 황제 앞에서 언제 재판받을지 모르고, 재판 결과가 어떻게 될지도 몰랐다. 모든 상황이 불명확했다. 그러니 바울이 투옥당한 건 심히 억울한 일이었다. 그런 상황에서도 바울은 "항상 기뻐하라"고 말한다. 4개의 짧은 장에 불과한 〈빌립보서〉에는 "기뻐하라"는 말이 16번이나 나온다. 감옥 안의 죄수가 감옥 밖의 사람들에게 감사하라고 권면한 것이다. 자신이 기쁘지 않으면 다른 이들에게 기뻐하라고 말하는 건 불가능하다. 자기 몸도 보존할 수 없는 바울이었지만, 어떻게 스스로 감사하며 기뻐하는 것으로 그치지 않고, 다른 이들에게까지 기뻐하라고 진심으로 권면할 수 있었을까? 그것이 그 안에 심겨진 예수 심장의 능력이다. 예수 심장은 감옥에서조차 감사하게 하는 능력이다.

○ **감사는 조건문이 아니다**

감사는 조건문이 아니라 감탄문이다. 사람들은 일반적으로 행복과 감사의 자격을 '만약(if)'에 둔다.

"만약 내가 합격하면."

"만약 내가 진급하면."

"만약 내가 저 사람과 결혼하면."

내가 만약 '어떻게' 된다면 행복해지고 감사할 거라는 말이다. 그러나 이런 감사는 지속되기 어렵다. 원하는 것을 이루면 원했던 만큼 감사할 수 있지만, 이런 조건으로 감사하는 사람은 어떤 새로운 성취도 곧 지루해한다. 또 다른 갈망을 갖기 때문이다.

저마다 간절히 원하는 숙원(宿願)이 있다. "그렇게만 된다면 소원이 없겠다"고 말하는 오래된 소원이다. 수험생은 원하는 대학에 합격하는 것이 숙원이다. 연인들의 숙원은 사랑하는 사람과 결혼하는 것이다. 사업가는 사업체가 굳건히 자리잡는 것이다. 과연 그 숙원이 다 이루어지면 더 바랄 게 없어질까? 그렇지 않다. 지금의 자리와 상황에서 감사할 거리를 발견하지 못하는 사람은 숙원이 이루어져도 감사하지 못한다. 감사하는 방법을 배우지 못했기 때문이다.

어린 시절에 사랑을 받아보지 못한 사람은 자라서도 사랑을 베풀기 어려운 것처럼, 지금 감사하는 법을 배우지 못하면 어떤 일도 당연하게 여기고 감사를 표현할 수 없다. 감사도 훈련이다. 감사하고 감사할수록 감사의 능력이 향상된다. 지금 어려운 상황에도 감사하는 사람은 환경이 좋아지면 더 크게 감사할 것이다.

그러므로 진정한 감사는 '그럼에도 불구하고'(even if) 하는 감사다. 그리 아니하실지라도, 원하고 바라는 일이 일어나지 않아도 나의 기쁨이 흔들리지 않는다. 기쁨의 이유가 외부에 있지 않고 내 내부의 예수 심장이기 때문이다. 환경에 좌우되지 않는 것이다. 그러니 상황 때문에 영향 받지 않는 기쁨과 감사가 진짜다. 하박국 선지자가 노래한 것처럼 포도밭에 포도가 없고 우리에 양이 없어도(하박국 3:17-19), 내 삶의 근거가 사라져도 기뻐할 수 있는 것이다.

○　　　　**진정한 부흥의 의미**

많은 이들이 부흥을 사모한다. 부흥을 주시기를 갈망하고 부르짖는다. 그런데 대개 부흥을 수적 증가, 양적 팽창만으로 생각한다. 진정한 부흥의 의미는 다시 살아나는 것이다. 영적 감각이 살아나고 생명력이 살아나고 회복되는 것이다. 살아난 사람은 감사할 수밖에 없다. 생명이 사라진 시신은 어떤 자극에도 반응을 보이지 않는다. 아무리 음식이 맛있어도 맛을 느끼지 못하며, 값비싼 향수도 죽은 생명의 악취는 가릴 수 없다. 하지만 살아 있는 생명은 거친 보리떡 하나라도 먹을 수 있으면 감사해한다. 들에 핀 꽃향기에도 감격해한다. 부흥은 그렇게 영적 감각이 다시 살아나서 감사하는 것이다. 세상 모든 곳에 하나님이 임재하심을 체험하면서 감사하고, 그것을 이렇게 선포하는 것이다.

"지금 이곳에도 하나님은 계신다. 비록 지금은 어둠의 세력이 왕노릇하는 것처럼 보여도, 결국 하나님이 통치하신다. 이 모든 것들은 하나님의 통치 아래 있다."

> 이는 만물이 주에게서 나오고 주로 말미암고 주에게로 돌아감이라
> 그에게 영광이 세세에 있을지어다 아멘_로마서 11:36

이 말씀을 단지 화석처럼 성경책에 기록된 문자나 기억 속의 전기 신호처럼 여기는 것이 아니라, 내가 처한 어떤 상황에도 빛으로서 투사되고 있다는 것을 확신하며 안정감을 누려야 한다.

다윗은 이것을 확실히 알았다. 다윗은 하나님으로부터 기름 부음을 받아 왕으로 선택되었다. 하지만 시간이 지날수록 왕위에 다가서는 것이 아니라 멀어져만 갔다. 골리앗을 이기고 왕의 사위가 되면서 왕좌로 가까이 다가서는 것처럼 느껴졌으나, 모함받고 목숨을 위협받게 되었다. 목숨을 노리는 현상금은 점점 높아졌고, 왕의 포

위망이 좁혀오는 상황에서 사망과 한 걸음 사이 같은 느낌을 받기도 했다. 이런 도피생활이 10년이나 지속되면서 희망을 포기할 지경까지 이르렀다. 하지만 다윗은 소망이 다 사라진 듯한 상황에서도 확신을 가지고 당당하게 선포한다.

> 나의 앞날이 주의 손에 있사오니 내 원수들과 나를 핍박하는 자들의 손에서 나를 건져 주소서 _시편 31:15

다윗은 자신의 생명이 사울 왕의 손 안에 있는 것이 아님을 알았다. 이 말씀은 자기 생각과 계산에 맞추어 일이 풀리지 않아도 하나님의 손 안에서 자기 시대가 진행되고 있음을 확신한 다윗의 고백이다.

○ **세상에 거룩한 충격을 주라**

놀라운 대부흥의 역사 후에는 항상 격렬한 핍박과 박해가 있었다. 예루살렘의 오순절 성령의 역사 후에 스데반이 순교당하고 심한 박해를 받게 되었다. 하지만 성도들은 오히려 그리스도의 고난에 동참할 수 있음에 기뻐하고 감사했다.

> 사도들은 그 이름을 위하여 능욕 받는 일에 합당한 자로 여기심을 기뻐하면서 공회 앞을 떠나니라 _사도행전 5:41

초대교회 성도들은 고난이 사라졌기 때문에 기뻐한 것이 아니다. 경건하게 살고자 하는 자는 박해를 받는다는 말씀(디모데후서 3:12)처럼 고난을 영광의 훈장으로 생각하며 감사한 것이었다. 교회사를 살펴보면 교회가 세상으로부터 환영 받은 적은 거의 없었다. 항상 고통과 박해를 겸하여 받았다. 그러나 성도는 신앙을 지키고 기쁨으로 반응했다.

오늘날에는 교회가 세상에 친절하고 인정받는 것이 능력이라고 생각한다. 물론 교회는 세상의 소금과 빛으로서 선한 영향력을 나타내야 한다. 하지만 교회는 세상과 완전히 다르기에 세상으로부터 핍박받을 수 있음을 두려워해선 안 된다. 보통사람이라면 원망하고 불평할 자리에서조차 감사하고 기뻐하는 모습을 보여줄 때 세상은 거룩한 충격을 받게 된다.

1909년 평양대부흥은 일제 지배가 시작될 무렵, 고통당하던 믿음의 선배들에게 영적인 선물이었다. 일제의 혹독한 핍박과 박해 가운데 소망이 사라진 상황에서 일어난 영적 부흥은 성도들이 천국을 경험한 축복이었다. 그러나 평양대부흥 사건 이후 조국은 식민지 신세로 전락했다. 말할 수 없는 탄압과 핍박을 받아야 했다. 그럼에도 옥중에 매인 성도들은 도리어 찬양하고 감사하며 혹독한 시간을 견뎠다. 영적 부흥을 경험하면서 그 속에 예수 심장이 들어왔기 때문이었다.

주기철 목사님도 연약한 인간이어서 고문의 고통이 커지자 자신이 약해져 주님을 모른다 할까봐 두렵다고 고백했다. 그럼에도 다시 십자가를 붙들고 감사한 것은 예수 심장의 능력 때문이었다.

사랑하는 두 아들을 죽인 살인범을 양자로 받아들인 '사랑의 원자탄' 손양원 목사님이 보여주신 이해할 수 없는 사랑은 목사님의 깊은 인격에서 나온 것만은 아니었다. 아들의 죽음이 슬프지 않아서도 아니었다. 순교자가 순교의 고통을 느끼지 못해 순교의 제물이 된 것이 아니다. 속도 없는 사람이라서 원수에게 사랑을 베푼 것이 아니다. 그 누구보다 아픈 가슴을 부여안고도 두 아들을 죽인 살인범에게 그리스도의 사랑을 전한 것은 예수 심장을 품었기에 가능했다.

진정한 예수 심장의 능력은 자기 안의 인간적인 약함과 아픔이 있어도 예수님의 사랑으로 스스로를 설득하고 달래며, 자기의 생각과 뜻을 그리스도 앞에 복종시키고 순종하는 것이다. 이것은 세상 어떤 사람도 흉내낼 수 없는 능력이다. 예수 심장을 품은 사람만 가능한 능력이다. 예수님의 심장이 내 안에 장착되고 작동되면, 약하고 모자란 나도 어떠한 상황에서도 기뻐하며 감사하는 온전한 그리스도인으로 변화되는 것이다.

04

기적은
감사의 문으로 온다

○ **0.3초의 기적**

　　빨리 말하면 '감사합니다'라고 말하는 데 0.3초도 걸리지 않는다. 하지만 0.3초의 감사 습관은 3년의 노력과 수고로도 열 수 없는 인생의 문을 열어준다. 감사는 삶의 부정적 에너지를 긍정적으로 바꾸며 회복시키는 힘이 있다.

　세계적인 흥행을 기록한 고전영화 〈바람과 함께 사라지다〉의 여주인공 비비안 리가 캐스팅될 때 일이다. 비비안 리는 사실 첫 면접에서 탈락되었다. 그러나 꿈이 좌절되는 순간에도 비비안은 흔들리지 않았다. 심사위원이 불합격이라고 말하자 그녀는 자리에서 조용히 일어났다. 얼굴도 찡그리지 않았고, 오히려 문을 열고 나가기 전에 심사위원을 향해 고개를 돌려 감사의 마음을 담은 미소를 보냈다. 우리 모두가 알고 있는 그 아름다운 미소를 보이는 데는 0.3초면 충분했다. 다른 후보들이 탈락이라는 말을 들을 때 좌절하던 모습과 너무도 다른, 우아한 인상을 남긴 순간이었다. 게다가 그 순간의 미소는 어느 배우에게도 찾아볼 수 없는 특별한 기품마저 느끼게 했다. 미소에 반한 심사위원들은 비비안에게 다시 면접 볼 기회를 주었고 결국 합격했다. 그리고 우리가 아는 대로 영화는 역사적인 대성공을 거두어 비비안을 세계적 영화배우로 등극시켰다. 실망하고 낙담할 수밖에 없는 상황에서도 여유있게 미소 지으며 감사하는 태도가 그녀의 인생을 바꾼 것이다. 기적은 감사의 문으로 온다.

○ **소녀들의 대통령이 보여준 감사**

내게도 비비안 리 같은 유명 연예인에게 감사의 인사를 받은 경험이 있다. 나와 그와의 특별한 만남은 어느 여름 목포에서 처음 이루어졌다. 그의 이름은 정중지, '프로듀스 101 시즌2' 참가자로 애칭은 '소녀들의 대통령'이다. 페이스북에 여학생 팬이 많아 '페북남친'(페이스북 남자친구)으로도 불리는데, 주일이면 손에 성경책을 든 사진을 올리며 "같이 교회 갈래?"라고 쓰기도 한다.

집회를 시작하기 전, 식당에서 그를 처음 만났을 때 먹어선 안 될 음식이 있다며 조심했다. '어린 학생이지만 연예인이라 역시 다르구나' 하는 느낌을 받았다. 그가 내가 설교할 때 집중해 듣는 모습이 아주 인상적이었다. 설교를 마치고 기도회를 시작하는데, 그는 앞으로 나와 두 손 높이 들고 간절히 기도했다. 그 모습이 너무 귀해 보여 나는 그와 함께 기도했다.

내 집회 순서를 모두 마치고 함께 숙소에 가기로 했는데, 그가 보이지 않았다. 내가 인도한 기도회에 이어 다른 기도회가 곧 시작되었는데, 그 기도회에도 참여했기 때문이었다. 스태프에게 부탁해 그를 데려와 일행과 함께 숙소로 갔다. 그는 숙소로 가는 길에 내 설교에 큰 은혜를 받았다고 몇 번이나 감사해했다. 숙소에 도착하자 가방에서 옷을 한 벌 꺼내더니 나에게 선물이라며 건네주었다. 내게 감사하고 싶다는 것이었다. 그가 여름에 입으려고 샀다는 최신 유행 '신상'이었다. 그 옷을 입고 함께 인증샷도 찍었다. 나는 옷 한 벌이 생긴 것보다 그가 감사의 마음을 표현해준 것이 더 기뻤다. 그해 여름의 남은 집회 일정 내내 나는 그 옷을 유니폼처럼 입고 다녔다. 그러면서 "이 옷으로 말씀드릴 것 같으면…" 하면서 중지의 감사를 소개했다. 여학생들의 부러움을 받는 느낌은 색달랐다.

받은 은혜와 사랑에 진심으로 감사를 표현하면 감동이 전해진다. 감사는 또 다른 사람들을 감동의 자리로 이끈다.

나는 아들에게 항상 이렇게 강조한다.

"상대방이 베푸는 호의를 당연하게 생각하면 안 된다. 사소한 섬김을 받더라도 그 사랑의 섬김이 그 사람에게는 최선이며 나에게는 과분한 일이라고 생각해라. 그러므로 작은 섬김에도 감사를 반드시 표현해라. 인사할 때는 상대방이 내가 인사를 올린다는 사실을 깨달을 수 있도록 고개를 깊이 숙이고, 감사의 마음을 담은 눈빛으로 상대방 눈을 마주보며 진정성이 느껴지도록 감사해야 한다. 이왕이면 네가 받은 것보다 더 크게 보답해라. 감사는 나의 삶에 크신 하나님의 임재를 체험하게 해주는 특별한 능력이 있기 때문이다."

사람은 무엇이든 심은 대로 거두기 마련이다. 어떠한 상황에도 감사를 심으면 더욱 큰 감사를 거두게 된다. 감사를 잊으면 안 된다.

우리가 무엇을 잊어버려 피해를 입는 경우가 있다. 나는 열쇠나 지갑을 자주 잃어버려 낭패를 겪곤 한다. 기차에 노트북을 두고 내렸다가 화들짝 놀라 다시 올라타서 겨우 가져 오기도 하고, 어디에 자동차를 주차했는지 기억나지 않아 시간을 허비할 때도 있다. 중요한 약속을 기억하지 못해 난처한 경우를 당하고, 발표할 자료를 챙겨가지 않아 곤란한 경우도 있었다. 나름대로 최선을 다해 준비하지만 실수하는 경우가 더 많다.

우산을 자주 잃어버리는 남학생이 엄마에게 자주 야단맞았다. 비 오는 날 아침에 우산을 가져갔다가 오후에 다른 곳에 두고 오기 일쑤였다. 이 학생은 우산 때문에 스트레스를 심하게 받았지만, 아무리 노력해도 우산을 잃어버리는 버릇은 고쳐지지 않았다. 어느 비 오는 날, 그는 하루 종일 우산을 생각하다 결국 우산을 잃지 않고 집에 돌아왔다. 의기양양하게 부모님께 외쳤다.

"나, 우산 가져왔어요!"

기뻐할 줄 알았던 부모님이 더 놀란 표정으로 물었다.

"너, 가방은 어쨌어?"

무엇을 잊어버리거나 잃어버리는 버릇은 삶을 불편하게 만들지만 치명적인 문제는 아니다. 하지만 우리가 살아가면서 결코 잊어서는 안 될 것이 있다. 하나님과 하나님의 말씀, 그리고 하나님께서 나를 위해 행하신 일이다.

○ **감사하기를 잊어선 안 된다**

하나님께서는 구약시대에 하나님의 백성이 하나님을 잊지 못하도록 아예 몸으로 기억하도록 하셨다. 사람(남자)의 몸에 할례를 하도록 시키신 것이다. 하나님의 말씀을 작은 상자에 넣어 손과 옷에, 그리고 이마와 문설주에 달아놓고 늘 기억하라고 하셨다. 각종 절기를 정해 지키도록 한 것도 하나님을 기억하라는 뜻이었다. 그런 여러 방법을 통해 하나님을 기억하게 하신 이유는 간단하다. 언제나 하나님께 감사하라는 것이다. 하나님의 임재를 기억하는 사람은 함께하시는 하나님으로 인해 두려워하지 않으며 감사하게 된다.

빌립보 교회는 바울이 떠난 후에도 바울의 사역에 필요한 물품을 지속적으로 공급한 교회였다. 〈빌립보서〉는 바울이 그런 빌립보 교회에 대한 감사의 마음을 담은 편지다. 바울에게 애정을 기울인 빌립보 교회는 의외로 모든 것이 완벽하진 않았다. 교회 안에 심각할 정도의 다툼과 갈등이 있었다. 바울이 빌립보 교인들에게 갈등과 대립을 끝내라고 권면할 정도였다. 빌립보 교회는 모든 면에서 모범인 교회는 아니었지만, 바울은 빌립보 교회로 인해 기뻐하며 감사한다.

> ¹⁷만일 너희 믿음의 제물과 섬김 위에 내가 나를 전제로 드릴지라도 나는 기뻐하고 너희 무리와 함께 기뻐하리니 ¹⁸이와 같이 너희도 기뻐하고 나와 함께 기뻐하라 _빌립보서 2:17-18

이 말씀에서 '나를 전제로 드릴지라도'라고 조건을 단 것은 자신이 곧 순교당할 것을 예견한 것이다. '전제'는 제사를 드릴 때 제물에 붓는 포도주를 의미한다. 불에 태울 제물 위에 포도주를 부어 향기가 나도록 하는 것이다. 사도 바울은 자신이 전제처럼 복음을 위해 부어지고 사라질 것이라고 생각했다. 그래도 바울은 '기쁘다'고 말한다. 바울이 죽게 될 상황에서도 기뻐한다고 말할 수 있었던 이유를 4장에서 설명한다.

> ¹¹내가 궁핍하므로 말하는 것이 아니니라 어떠한 형편에든지 나는 자족하기를 배웠노니 ¹²나는 비천에 처할 줄도 알고 풍부에 처할 줄도 알아 모든 일 곧 배부름과 배고픔과 풍부와 궁핍에도 처할 줄 아는 일체의 비결을 배웠노라 _빌립보서 4:11-12

바울의 자족, 즉 스스로 만족하는 기쁨은 환경에 따라 달라지지 않았다. 금세 질리거나 시들해지는 감사가 아니었다. 사람들의 상태에 따라 변질되는 것도 아니었다.

무조건 감사는 불가능한가?

내 안에 바울처럼 절대적인 감사가 없는 이유가 무엇일까? 내가 원하는 것을 갖지 못해서인가? 기대하는 대로 상황이 흘러가지 않기 때문인가? 사실은 내가 너무 크기 때문이다.

사람들은 자기에게 결핍된 것을 채우면 만족할 것이라고 생각한다. 물론 간절히 원하는 것을 얻게 되면 처음에는 기쁘고 즐거워진다. 하지만 한계효용체감법칙에 의해 그런 감사는 오래 가지 않는다. 사람의 마음은 우주보다 크고 넓어서 무한하신 하나님 외에는 그 무엇으로도 채워지지 않기 때문이다.

그토록 사고 싶던 신형 스마트폰을 사면 얼마 동안은 애지중지한다. 친구들이 구경하겠다고 잠시 빌려 가면 혹시나 떨어뜨리지 않을까 조바심이 난다. 지문이라도 묻으면 안경 닦는 천으로 아주 조심스레 닦는다. 하지만 두 달 정도 지나면 던지는 무기로 사용하기도 한다. 어떤 상품도 새것으로서의 기쁨은 시간이 지날수록 약해지고, 신제품이 나오면 관심은 금세 새것으로 향하기 마련이다.

내가 초등학생이던 1970년대에 자주 들었던 말은 "대망의 80년대만 되면…"이었다. 그때는 모든 것이 부족했다. 그러나 80년대만 되면 모든 것이 풍족해질 거라고 기대한 말이었다. 80년대가 되면 가정마다 전화기가 놓이고 자가용을 굴리는 시대가 될 것이라고 했다. 낙원 같은 세상이 열린다고 굳게 믿으며 혹독한 시간을 버텼다. 그런데 80년대가 시작되자 다른 구호가 등장했다. 86아시안게임, 88서울올림픽을 성공적으로 치르면 그림 같은 시대가 온다는 것이었다. 국가의 행정과 계획은 전부 86과 88에 맞추어졌으며, 그를 위해 많은 국민들이 수고하고 희생해 그 큰 행사를 잘 치러냈다. 그럼에도 완전히 행복한 시대는 펼쳐지지 않았다. 그리고 80년대가 지나자 바로 등장한 주장이 국민소득 1만 불 시대가 되어야 한다는 것이었다. 장밋빛 미래를 보장하는 캐치프레이즈(구호)는 인간의 역사가 지속되는 한 계속될 것이다.

사람들은 주변 환경과 상황이 언젠가는 좋아지기를 기대한다. 지금은 행복하지 않다는 뜻이다. 바라고 기대하는 것들이 채워져야 행복해진다고 생각한다. 원하는 것을 지금 가질 수 없다면, 나중에라도 가지기를 원한다. 하지만, 다시 강조하지만 행복은 바로 지금 여기에 있다. 내가 호흡하고 발 딛고 살아가는 현재의 삶의 현장에 행복의 이유가 충분하다. 문제는 현재가 놀랍도록 행복한 순간인 것을 깨닫는 사람이 많지 않다는 것이다. 현재에 감사하지 않기 때문이다. 그래놓고 시간이 지난 후에야 '그때가 행복한 시간이었구나' 하고 깨달으며 무심코 흘려보내버린 지난날을 안타깝게 추억한다. 먼 훗날 꿈처럼 그리워하게 될 바로 지금 이 시간을 충분히 즐거워하고 기뻐하는 것이 얼마나 중요한지 모른다.

○　　　**행복 백신 예수 심장**

내 눈에 무언가 모자라고 부족한 부분은 불평의 불을 지필 땔감이 아니다. 주변 사람이나 내가 속한 공동체 안에서 문제가 보인다면 불평하라는 사인이 아니다. 그 문제를 위해 기도하라고 보여주시는 기도제목이다. "지금 이곳, 저 사람에게 이런 기도제목이 필요한데 네가 기도해보지 않겠니?"라고 우리 각 사람에게 주시는 하나님의 기도 초청장이다. 그런데 내가 아무리 기도해도 상대방의 약점이 달라지지 않을 수 있다. 그렇다면 그의 약점은 내가 채워야 할 사명임을 깨닫게 된다. 그것을 하나님의 사인으로 알고 순종하며 상대방의 약점과 나에게 불편한 점을 사랑으로 품어주면, 내가 다그치고 책망하는 것보다 상대방은 훨씬 더 빨리 변화하고 성장한다. 그런 사랑은 받는 사람뿐 아니라 주는 나 자신까지 변화시킨다.

우리는 적어도 수련회나 집회에서 은혜를 받을 때는 상대방의 약점을 품어주고 섬길 마음을 가지게 된다. 상대방을 위해 간절히 기도하고 나에게 불편한 사람조차 사랑할 용기를 품게 된다. 집회에서 하나님을 예배하는 시간에 예수 심장에서 뿜어져 나오는 하나님의 성품이 우리 안에 가득차기 때문이다. 하지만 일상에서 은혜가 약해지면 감사하는 마음 대신 불평하려는 마음이 다시 솟구친다. 그러므로 우리가 일상에서 이웃을 사랑할 수 있는 방법은 결심이나 훈련이 아니다. 일상에서도 예수 심장에서 뿜어져 나오는 은혜가 채워져야 한다. 감사하는 예수 심장은 예배시간에만 필요한 소도구가 아니다. 내가 살아가는 모든 날에 반드시 필요한, 그리스도인에게 반드시 필요한 필수품, 머스트 해브 아이템(must have item)이다.

자아실현이 세상의 최종 가치이지만,
예수 심장은 하나님께서 보여주시는 비전에
나를 맡기게 한다.

2부

심쿵 심장을
비전 심장으로

Before
심쿵 심장 **After**
비전 심장

05

심장 쫄깃해질
꿈을 가졌는가

○ **꿈이 꿈을 전염시킨다**

이지현은 내가 처음 중학생을 가르칠 때 중3 여학생이
었다. 지현은 교내 방송반에서 아나운서로 활약했다. 나는 학생들
을 대상으로 방송설교를 진행했기에 지현과 방송국에서 자주 만났
다. 방송 행사를 치를 때마다 지현은 중학생 수준을 뛰어넘는 재치
와 실력을 발휘했다.

지현의 꿈은 아나운서가 되는 것이었다. 중학교를 졸업하고 고
등학교에서 대학교로 이어지는 기간에 아나운서가 되기 위한 준비
를 철저히 했다. 마침내 오랫동안 준비해온 첫 번째 관문에 도전하
면서 기도를 청하러 왔다. 며칠 후 카메라 테스트에 합격했고, 부산
KBS 아나운서가 되었다. 내가 섬기는 교회에 와서 강연도 했다.

나는 지현의 이야기를 채플 시간에 학생들에게 자랑스럽게 전했다. 선배가 이룬 놀라운 기적의 바통을 이어받고 싶은 사람은 그 꿈을 계승하라고 도전했다. 그날 저녁, 중1 채은이 내 홈페이지에 글을 남겼다.

"목사님, 저도 장차 아나운서가 되고 싶은데요. 그 선배 연결해주실래요?"

나는 지현과 채은을 연결해주었고, 비전을 이룬 선배와 비전을 이루려는 후배 사이에 아름다운 교제가 이어졌다.

인생을 이끌어갈 꿈을 품고 그것을 이루어가는 과정은 보람이 있다. 꿈을 이루는 과정은 사람에게 감동을 준다.

○　　　**하나님께서 보이신 소원**

언제나 부드럽게 섬기시는 강종훈 장로님에게서 전화가 왔다. 12년 전 내게 고등학교 성경 수업을 듣던 그 분의 아들 강화평이 공중보건의가 되어 봉사하는 모습이 공중파 텔레비전에서 방영된다는 소식을 전한 것이다. 서해안 26개 섬을 찾아다니며 병원 혜택을 받지 못하는 환자를 돌보는 공중보건의 활동을 다룬 다큐멘터리였다. 그 프로그램을 보면서 나는 하나님이 일하시는 영광스러운 모습을 실감할 수 있었다.

12년 전 화평은 다니던 창원남고등학교에서 명문대학에 들어갈 유력 기대주였다. 그의 어머니는 한 달에 한 번, 반별로 모이는 학부모기도회에 참석해 뜨거운 기도로 아들을 후원했다. 화평의 소원은 의대에 진학해 의사가 되어 의료봉사를 하는 것이었는데, 소원한 대로 연세대학교 의과대학에 진학해 마침내 의사가 된 것이다. 그리고 병원 혜택을 보지 못하는 섬으로 그의 발걸음이 향하는 것을 보면서 얼마나 감동했는지 모른다.

텔레비전을 통해 오랜만에 만나는 제자의 얼굴은 기쁨으로 빛나고 있었다. 화평이 섬에 계신 할아버지 할머니들을 만나러 가는 길이 마치 사랑하는 연인을 만나러 가는 것처럼 들뜬다고 고백하는 걸 보고, 나는 하나님께 진심으로 감사의 기도를 올렸다. 화평은 장차 '국경없는 의사회'(MSF)에 가입해 재난과 분쟁지역에서 고통당하는 이들을 돕고 싶다는 소원을 말했다.

의사가 되면 보통 경제적 안락함과 영향력을 얻기를 기대한다. 그러나 화평은 그런 세상의 기대에 만족하지 않았다. 하나님께서 그에게 말씀하신 소원에 귀를 기울였고, 그 소원에 자신을 드리며 살아가고 있는 것이다. 바야흐로 12년 전에 심은 비전의 씨앗이 뿌리를 뻗고 줄기를 펼쳐, 커다란 그늘을 이루는 기적으로 나타나고 있었다. 화평의 가슴에 심은 아름다웠던 꿈의 묘목이 기적을 이룰 거목으로 자라날 것을 믿어 의심하지 않는다.

○ **발레할 때가 가장 행복해요**
빌리는 가난한 탄광촌에서 파업시위를 주도하는 아버

지와 치매에 걸린 할머니와 함께 척박한 삶을 이어가고 있었다. 빌리는 먼저 세상을 떠난 엄마를 늘 그리워하지만, 엄마의 추억이 서린 피아노마저 땔감으로 전락하는 초라한 현실에 갇혀 있다. 상황이 점점 어려워지자 빌리는 삶의 의욕마저 잃고 있었다.

어느 날 권투 연습을 하던 빌리는 우연히 체육관 한 귀퉁이에서 열린 발레수업에 참여하게 된다. 빌리는 발레수업의 평화로운 분위기와 아름다운 음악에 순식간에 매료되었다. 발레 선생님의 권유로 간단한 레슨을 받게 된 빌리는 발레의 매력에 점점 빠져들었다. 그러나 발레는 여자들의 전유물이라는 아버지와 형의 단호한 반대로 빌리의 발레수업은 중단된다. 힘든 노동과 시위로 살아온 아버지에게 남자가 발레를 한다는 것은 수치일 뿐이었다.

하지만 자신의 발레 솜씨를 친구에게 보여주고 싶었던 빌리는 성탄절에 텅빈 체육관에서 혼자만의 무대를 만든다. 이때 우연히 체육관을 방문한 아버지는 빌리가 춤추는 것을 보게 된다. 아들의 진지한 몸짓을 본 아버지는 아들이 진정으로 원하는 것이 무엇인지 깨닫게 된다. 결국 아버지의 허락을 받아낸 빌리는 왕립발레학교의 입학 면접을 보게 되었다. 심사위원들이 빌리에게 발레를 하려는 이유를 묻자 단호히 대답했다.

"저는 춤을 출 때가 가장 행복해서요."

빌리에게 발레는 삶을 활기차게 만드는 심장 같은 것이었다. 영화 〈빌리 엘리어트〉에서 발레는 숨 쉴 틈 없이 막막했던 빌리의 삶에 살아갈 이유가 되어주었다.

○　부를 노래, 흔들 깃발, 외칠 구호, 따를 지도자

　　　　젊은이에게 필요한 것은 부를 노래, 흔들 깃발, 외칠 구호, 따를 지도자라고 전 하버드 총장 네이던 푸시는 말했다. 젊은이들은 그들의 가슴에 불이 붙는 일이면 기꺼이 청춘을 투자한다. 마음을 움직인 대상에 맹목적으로 헌신하며, 그를 위한 수고를 마다하지 않는다. 이처럼 청춘을 바쳐도 아깝지 않을 대상을 만날 때 젊은이는 심장이 떨리는 경험을 한다. 이것을 요즘 청소년들은 심장이 쿵할 정도로 놀랐다고 해서 '심쿵'했다고 표현한다. 이런 경험은 청년과 청소년의 삶을 바꾸는 결정적 역할을 한다.

　어린이에게 장래희망을 물어 보면 자주 달라진다. 월드컵 축구가 열리면 축구선수가 되고 싶고, 인기 드라마 배우의 극중 직업이 좋아보인다 싶으면 그 직업이 하고 싶어진다. 눈에 보이는 대로, 원하는 대로 되고 싶은 마음은 매순간 달라진다. 금세 사랑에 빠지는 사람이라는 뜻의 '금사빠'가 현재 추세라는 게 이해가 된다. 무엇이든 지구력있게 하기보다 즉흥적으로 변하는 것이다. 이런 현상은 심화되고 있다. 원하는 것이 수시로 달라지고 시대도 급속히 변하기에 추구하는 목표도 달라진다. 하지만 하나님께서 보여주시는 비전은 한평생 이어진다. 그 일에 대해 다른 사람들이 어떤 태도나 반응을 가지는가에 흔들리지 않는다. 자기가 하고 싶은 것을 고집하지 않고, 하나님의 소원에 자기 소원을 기꺼이 굴복시킨다.

○ **동에서 서로 진로를 옮겨라**

바울과 사역자들의 헌신으로 아시아 지역에서 폭발적인 부흥의 역사가 일어나고 있었다. 바울이 전하는 복음을 들은 이들이 회개하고, 교회가 세워지고 하나님의 나라가 열리고 있었다. 바울은 땅끝까지 복음을 전하라는 그리스도의 지상명령에 순종해 현실에 안주하지 않고 더욱 맹렬히 복음을 전하려고 했다. 그가 가려했던 사역지의 방향은 동쪽이었다. 바울은 아시아 방면으로 계속 복음을 증거하고 싶었다. 그런데 그 길을 예수의 영이 가로막았다.

> 무시아 앞에 이르러 비두니아로 가고자 애쓰되 예수의 영이 허락하지 아니하시는지라 _사도행전 16:7

아무리 애쓰고 수고해도 그 길은 열리지 않았다. 그때 바울은 하나의 환상을 보았다.

> 밤에 환상이 바울에게 보이니 마게도냐 사람 하나가 서서 그에게 청하여 이르되 마게도냐로 건너와서 우리를 도우라 하거늘
> _사도행전 16:9

바울은 이것이 하나님의 사인임을 깨닫는다. 그는 아시아로 선교하기 위해 준비했던 것을 일체 중단하고, 방향을 바꾸어 유럽으로 갔다. 이것은 문화학자 아놀드 토인비가 "그때 바울을 태우고 온 배

가 유럽에 문명을 가져왔다"고 평가할 만큼 획기적인 사건이었다.

바울이 사역의 방향을 스스로 정하거나 바꾸는 일은 익숙한 일이 아니었다. "어떻게 하면 좀더 효율적으로 교회를 세울 수 있는가?"도 관심사가 아니었다. 바울이 사역의 방향을 결정한 기준은 하나님께서 원하시는 일이었다. 그 일의 방향이 그에게 낯설다 해도 순종했다. 이것이 예수 심장에서 나오는 '비전 심장'에 순종하는 모습이다.

○　　인생의 궤도가 변경되는 순간들

17살 요셉이 이상한 꿈을 보게 된 날은 아버지의 유별난 사랑을 독차지하던 무렵이었다(창세기 37장). 요셉의 어머니 라헬을 극진히 사랑한 아버지의 편애 속에서, 요셉은 형들의 잘못을 아버지에게 스스럼없이 고발하는 철부지였다. 아마 소년 요셉은 그렇게 아버지의 사랑을 독차지하면서 사랑받는 삶을 살기 원했을 것이다. 하지만 그가 이상한 꿈을 꾼 시간은 하나님의 꿈이 이식되는 특별한 순간이었다. 요셉 스스로, 장차 높은 자리에 오르고 싶다는 꿈을 꾼 게 아니기 때문이었다. 하나님께서 이미 결정하시고 꾸게 하신 꿈이었다. 그 꿈을 꾸던 밤은 응석받이 소년이 훗날 제국을 통치하며 세계적인 경제 위기를 해결하는 총리 요셉의 시대가 첫 걸음을 시작한 시간이었다. 그후 13년간 요셉의 삶은 꿈에서 점점 멀어지는 것 같았지만, 결국 하나님께서 보이신 꿈대로 이루어졌다.

사무엘이 하나님의 음성을 들었던 밤은 제사장의 심부름을 하던 어릴 때였다(사무엘상 3장). 어머니의 서원(誓願)으로 성전에 바쳐진 사무엘은 제사장을 도와 허드렛일을 하는 보조 일꾼에 불과했다. 엘리가 그의 영성에 걸맞지 않는 사사와 대제사장이었고, 윤리적으로 막장의 끝을 달리던 엘리의 아들 홉니와 비느하스가 그 자리를 승계 받을 상황이었다.

하지만 하나님의 선택은 혈통적으로 세습 받을 몹쓸 사람들이 아니었다. 하나님은 사무엘을 선택하셨고, 그 밤에 잠에 들려는 사무엘에게 말을 걸어 오셨다. 사무엘은 하나님의 음성을 듣는 훈련을 아직 받지 않았지만, 하나님의 일하심에는 아무런 문제가 되지 않았다. 특별히 주목 받는 유망주도 아니었지만, 하나님께서는 어린 사무엘에게 앞으로의 일을 은밀히 말씀하실 수 있으셨다. 어린 사무엘이 하나님의 음성을 들은 밤은 혼란한 사사시대를 끝내고 왕의 시대를 열어갈, 선지자 사무엘의 시대의 문을 연 위대한 시간이었다.

○　　　**하나님이 임하시면**

다윗에게 사무엘이 기름을 붓던 날은 목동 시절이 끝나고 위대한 왕으로서 변화되는 날이었다(사무엘상 16장). 다윗에게는 7명의 형들이 있었다. 아버지 이새는 그들에 대해 상당한 자부심을 가지고 있었다. 선지자 사무엘이 방문하자 이새는 맏아들 엘리압부터 자랑스레 소개했다. 사무엘이 보자마자 감탄할 만큼 엘리압의 인상은 강렬했다. 하지만 하나님께서는 사람의 중심을 보신다고 하시며, 엘리압은 기름부음 받을 왕이 아니라고 말씀하셨다. 하나님은 다른 아들도 모두 거절하셨다. 결국 들에서 양을 치던 다윗이 뒤늦게 부름 받고 와 기름부음을 받았다. 아버지의 눈에는 엘리압이 우선이었고 형들에게도 인정받지 못하던 다윗이었지만, 하나님은 다윗을 선택하신 것이다. 하나님이 다윗을 선택하실 때의 마음은 이러하셨다.

> 폐하시고 다윗을 왕으로 세우시고 증언하여 이르시되 내가 이새의
> 아들 다윗을 만나니 내 마음에 맞는 사람이라 내 뜻을 다 이루리라 하
> 시더니 _사도행전 13:22

다윗이 기름부음을 받던 그날은 다윗에게 이전의 날과 별 다를 바가 없었다. 그러나 하나님께서 사무엘을 통해 다윗의 인생 안으로 들어오시면서 다윗은 초라한 목동에서 위대한 왕이 되었다.

남 유다 왕국의 희망이던 웃시야 왕이 급작스레 사망해 온 나라가 비통에 빠지게 되었다(이사야 6장). 기울어가던 남유다 왕국을 일으켜 나라의 기둥처럼 여겨지던 웃시야 왕의 죽음은 청년 선지자 이사야에게 하늘이 무너지는 소식이었다. 웃시야를 도와 남유다의 전성기를 회복하는 데 일조하려던 이사야의 소망은 물거품이 되었다. 허전함을 견디지 못한 이사야가 찾은 곳은 성전이었다. 성전에

서 이사야가 목도한 것은 하나님의 영광이 가득 찬 것이었다. 그때 하나님의 말씀이 이사야에게 임했다. 이사야는 사람들의 기대를 한 몸에 받는 왕은 사라질 수 있지만, 여전히 역사를 주관하시는 분은 변함없으신 하나님이심을 깨닫게 된다. 그 자리는 절망하던 청년 이사야가 예수 그리스도가 오실 역사를 가장 선명하게 증거하는 위대한 선지자로서 임명받는 위임식이 되었다.

하나님께 쓰임 받았던 믿음의 사람들은 그들의 인생에 하나님께서 급작스레 개입하시면서 하나님의 영광과 비전에 사로잡혔다. 저마다 품었던 꿈과 근본적으로 다른 하나님의 꿈을 보고 들으며, 하나님의 비전을 삶의 진정한 가치로 삼게 되었다. 그리고 삶의 방향을 바꿔 하나님의 영광을 위해 살게 되었다. 그로 인해 하나님의 거룩한 소원이 시대마다 구현되었다.

○ **영원불변의 가치를 내 꿈으로**

저마다 이루기 원하는 소망이 있다. 그 소망을 생각하면 가슴이 뛰는 것을 꿈이라고 한다. 꿈을 위해 무엇이든 할 수 있다는 사람은 행복하다. 꿈은 삶에 활력소가 된다. 사람의 꿈은 의미 있는 것이다. 하지만 사람에게서 시작되어 사람이 만들어가는 꿈과 비교할 수 없는 더 크고 영원한 꿈이 있다. 바로 하나님의 꿈이다. 그것을 우리는 비전이라고 구별해 말한다.

예수 심장은 개인의 욕심이나 바람을 내려놓고 영원불변의 가치인 하나님의 꿈을 갖도록 한다. 예수 심장에서 뿜어져 나오는 하나님의 소원을 보고 들은 사람은 지금껏 자기가 고수해온 땅의 꿈을 비로소 내려놓는다. 태양을 본 사람이 촛불에 만족하지 않듯, 진짜 꿈을 발견한 사람은 가짜 꿈에 현혹되지 않기 때문이다. 그런 위대한 꿈은 아무에게나 허락되지 않는다. 예수 심장을 품은 사람에게만 보인다. 하나님의 꿈에 붙들린 사람은 그 비전이 보여주는 방향에 모든 것을 바친다. 예수 심장에 붙들린 사람은 세상이 보여주는 목표를 위해 인생을 허비하지 않는다. 하나님의 영광에 사로잡혀 그분의 나라와 그 의를 위해, 하나님의 꿈에 헌신한다.

06

심장이 가리키는 방향으로 가라

○　　**심장이 가리키는 방향으로 간다**

　　그룹 빅뱅의 자서전 《세상에 너를 소리쳐》(빅뱅, 김세아 정리, 샘앤파커스)는 빅뱅이 만들어지기까지 얼마나 큰 대가를 지불해야 했는지를 소개한다. 오랜 연습생 과정은 그들을 지치게 만들었다. 경제적으로 어려웠고, 혹시 데뷔조차 못하고 사라지는 것은 아닐까 싶어 불안하기도 했다. 멤버 중에는 공연을 앞두고 뼈가 부러졌지만 진통제 몇 알 먹고 무대에 올라간 이도 있었다. 그만두라는 이야기를 수없이 듣고, 스스로 그만두고 싶기도 했다. 그런 가운데서도 멤버 중 1명인 태양은 자기의 좌우명을 곱씹으며 그 길을 계속 걸어올 수 있었다고 말한다.

　　"나는 심장이 가리키는 방향으로 간다."

"내가 하는 이 일이 잘될 가능성이 얼마나 있는가? 지금 당장 어떤 수익을 가져다주는가?"는 진로를 결정하는 데 중요한 요인이다. 그런데 빅뱅의 멤버인 태양은 진로를 '심장이 가리키는 방향'으로 정했던 것이다. 비록 지금은 삶이 고단하고 무겁지만, 이 길이 심장을 뛰게 만드는 방향으로 가기 때문에 포기할 수 없었다는 것이다. 뜨거운 심장의 박동이 계속 버텨낼 힘을 주었다는 고백이다.

어린이 사역을 하는 분은 "어린이만 보면 마음이 뜨거워져 견딜 수 없다. 그들에게 반드시 복음을 전하고 싶다"는 마음으로 섬긴다. 장애인 사역처럼 힘든 일도 마찬가지다. 경남 창원시 외곽에서 교회와 장애우를 함께 섬기는 홍춘기 목사님의 예향공동체에 가면 항상 깊은 감동을 받는다. 예향공동체가 여름철에 치르는 장애우 말씀캠프는 장애우를 돕는 도우미들이 함께 하는 아주 특별한 집회다. 홍 목사님도 몸이 약간 불편하지만, 본인이 장애를 입은 걸 원망하거나 불평하는 모습을 나는 본 적이 없다. 홍 목사님이 장애를 아는 분이기에, 장애인을 섬길 마음(심장)을 품고 계시기 때문이다. 자신이 불편하기에 몸과 마음에 문제가 있는 이들을 더 잘 섬겨야 한다고 고백한다.

어떤 의사는 "피를 보면 흥분된다"고 말한다. 환자의 피를 보면 오히려 피로가 사라지고 다시 전투력이 솟구친다는 것이다. 그가 뱀파이어는 물론 아니다. 의사로서 환자를 보면 심장이 뜨거워질 뿐이다. 그에게 의사는 그가 서야 할 사명의 자리다. 공부만 잘해서 부모와 교사의 지도로 의과대학에 진학한 학생 중에 해부학 실습을 하고나면 진로를 바꾸거나 학과를 변경하는 경우가 있다. 성적이 좋아 의대에 진학했지만, 막상 의사로서 할 일은 감당할 마음이 없기에 포기하는 것이다.

○ **포기하지 말고 꿈부터 써봐**

수영은 전남 여수의 가난한 가정에서 태어났다. 불우한 환경을 잊으려고 불량한 친구들을 사귀었고 가출을 밥 먹듯 했다. 다행히 서태지 노래 '컴백홈'을 듣고 중학교로 돌아왔지만 선생님조차 반기지 않았다.

"3일만 더 가출했더라면 학교에서 퇴학시키려 했는데, 왜 일찍 돌아왔냐?"

오기가 생겼다. 이렇게 살아서는 안 되겠다고 생각했다. 실패자가 될 거라고 한심하게 바라보는 사람들의 예견대로 자기 인생이 흘러갈 순 없다고 생각했다. 수영은 마음을 다잡고 공부해 실업계 고등학교에 진학했다. 고등학교의 첫 시험에서 전교 1등을 했다. 그 일이 수영을 지탱하는 자부심이 되었다. 고등학교 2학년 때 교장선생님이 학교에 'KBS 골든벨' 방송을 유치했다. 담임선생님의 추천으로 골든벨에 나간 수영은 마지막 50번째 문제까지 맞추면서 실업계 학생으로서는 처음 골든벨을 울렸다. 더 자신감이 붙은 수영은 연세대학교에 입학하고 책을 쓰기도 했다. 이전에는 상상할 수 없던 일을 연달아 이루었다.

수영의 어머니가 수영이 중 3때 담임선생님을 다시 만날 기회가 있었다. 그 선생님이 수영의 어머니에게 깍듯이 인사하며 말했다.

"저는 수영의 담임이었지만 수영이 잘 안 될 거라고 미리 단정했습니다. 그런데 수영이 이렇게까지 변할 줄은 몰랐습니다. 예전에 잘못 판단하여 수영에게 상처를 입힌 것을 미안하게 생각합니다."

담임선생님도 포기했던 수영이 과거의 예상을 뒤엎고 새로운 삶을 시작했다. 실패를 장담한 교사의 예언이 얼마나 엉터리였는지를 증명한 것이다. 그랬던 수영도 대학을 졸업할 무렵에는 약 50회 입사 지원에 불합격 통보를 받았다. 하지만 굴하지 않고 계속 도전해 골드만삭스라는 외국계 금융회사에 입사했다. 이번에는 기뻐할 틈도 없이 암이 그녀를 찾아왔다. 암 투병 중에도 그녀는 자신에게 생명이 주어진 동안 해야 할 일을 생각하며 73개의 버킷리스트를 만들었다. 버킷리스트는 죽기 전에 반드시 하고 싶은 꿈의 목록을 말한다. 그녀는 그 목록 중에 40개 이상을 이루었고, 나머지 꿈도 이룰 것이라고 했다.

생각할 때마다 가슴에 불이 붙는 버킷리스트는 암 같은 중병 때문에 무너질 것 같은 사람에게도 새롭게 살아갈 힘을 공급해준다. 수영이 이루기를 간절히 바라는 꿈(버킷 리스트)이 어려운 상황에도 굴하지 않을 담대한 정신력을 준 것이었다.

사람의 꿈도 그러할진대, 하물며 결코 변하지 않는 불멸의 가치를 지닌 하나님의 꿈을 품는다면 얼마나 가치가 있겠는가? 이 세상에 모든 것들은 반드시 변하게 되지만, 결코 변하지 않는 세 가지가 있다. 영원하신 하나님, 하나님의 말씀, 그리고 하나님의 말씀대로 순종하는 이들이다.

> 그것들은 다 옷 같이 낡으리니 의복 같이 바꾸시면 바뀌려니와 주는 한결같으시고 주의 연대는 무궁하리이다 _시편 106:26-27
> 예수 그리스도는 어제나 오늘이나 영원토록 동일하시니라 _히브리서 13:8
> 천지는 없어질지언정 내 말은 없어지지 아니하리라 _마태복음 24:35
> 이 세상도, 그 정욕도 지나가되 오직 하나님의 뜻을 행하는 자는 영원히 거하느니라 _요한일서 2:17

세상은 가치가 수시로 변하지만 하나님은 변함없으시다. 하나님의 말씀은 불변의 가치이며 진리다. 하나님의 말씀을 듣고 순종하는 사람은 영원히 하나님나라에 거할 것이다. 영원한 가치이신 하나님의 계획과 뜻을 보고 그 비전에 순종하는 사람은 결코 사라지지 않는 참된 가치를 누릴 것이다.

○　　　"남김없이, 후퇴없이, 후회없이"

　　　예수 심장을 가진 사람에게는 다른 사람이 볼 수 없는 하나님의 거룩한 소원이 보인다. 하나님이 보여주시는 꿈이다. 가족이 말리고 반대한다 해도 그 꿈에 사로잡히면 꿈의 길을 따를 것이다. 땅에서 꿈의 열매를 다 거두지 못할 수도 있다. 그렇다 해도 그의 삶이 무의미해지는 것이 아니다. 자기 인생에는 아무 변화가 없다 할지라도, 하나님의 영광에 사로잡혀 헌신하는 사람을 통해 이전에 없던 위대한 역사가 반드시 일어날 것이기 때문이다. 우리는 윌리엄 보덴이라는 청년에게서 하나님의 꿈에 사로잡혀 순종한 사례를 볼 수 있다.

19세기 후반 미국 최초의 우유회사 '보덴우유'를 창업한 가문의 상속자 윌리엄 보덴은 가족과 함께 종종 해외여행을 다녔다. 중동지역을 여행하던 윌리엄은 이슬람 교도를 만났다. 그들을 섬기는 것이 자기 사명임을 깨닫고 선교사가 되기로 다짐한다. 가업을 잇는 것도 보람 있겠지만, 복음을 듣지 못한 이들에게 그리스도를 전하는 것이 무엇보다 중요한 일임을 깨달았기 때문이다. 누구라도 부러워할 거대한 유산도 그에게는 아무 의미가 없었다. 그는 갖고 있던 성경책에 그때의 마음을 담아 이렇게 적었다.

"No Reserve(남김없이)"

"나를 위해서는 아무 것도 남기지 않고 드리겠습니다!"

부모는 윌리엄의 뜻에 반대해 예일대학교에 입학시켰다. 아들이 대학에서 공부해 장차 사업에 전념하기 원했기 때문이다. 그러자 윌리엄은 예일대학교에서 캠퍼스 전도사역을 시작했다. 도시 빈민 구제활동에 앞장서고 캠퍼스에 성경공부 프로그램을 만들어 직접 설교하거나 성경을 가르쳤다. 졸업할 즈음 선교사가 되려는 마음이 더 확고해진 윌리엄에게 부모가 말했다.

"만일 선교사가 된다면 이미 물려준 10억 달러를 되돌려 받을 것이고, 이후 한 푼도 도와주지 않을 것이다."

그러나 윌리엄은 단념하지 않았다. 자비량으로 선교비를 준비해 이집트 카이로로 떠났다. 그는 중국의 무슬림에게 가려 했지만, 그전에 아랍어를 먼저 공부하면 무슬림 선교에 도움이 될 것이라는 생각 때문이었다.

그는 성경의 표지 안쪽에 자기의 각오를 또 적었다.

"No Retreats(후퇴없이)!"

"이 사역을 하러 가는 길에서 결코 후퇴하지 않겠습니다!"

이집트에 도착한 윌리엄은 1년 정도 아랍어를 공부한 후 중국에 들어갈 생각이었다. 그런데 카이로에서 공부를 시작한 지 4개월이 지났을 무렵 그의 몸에 이상한 증세가 나타났다. 진단 결과 '뇌수막염'이었다. 19세기 말의 의학으로는 치유할 수 없는 질병이었다. 그는 병마와 필사적으로 싸웠지만 한 달 만에 사망하고 말았다. 그토록 가기 원했던 중국에 발을 들여놓기도 전에 임종한 그는 카이로의 외진 공동묘지에 매장되었다.

○   **하나님의 마음으로 미래를 보라**

윌리엄의 죽음은 그를 아는 이들에게 충격을 안겨주었다. 어떤 사람은 "선교지에 가서 사역하기도 전에 사망한 것을 보면 그의 비전은 하나님으로부터 온 것이 아닌 것 같다"고 말했다. 또 어떤 사람은 "하나님의 일을 해보기도 전에 그렇게 허망하게 죽을 바에야 차라리 세상에서 사업하며 열심히 사는 것만 못하지 않은가?"라고 꼬집었다.

그의 유품이 집으로 돌아왔다. 윌리엄이 성경책 표지 안쪽에 숨기기 전에 적은 마지막 문구는 이것이었다.

"No Regret(후회없이)!"

"나는 이렇게 살아온 삶을 후회하지 않습니다!"

윌리엄 보덴이 엄청난 재산을 포기한 것은 세상사람 보기에 어리석은 일이었다. 막강한 재력으로 선교사역을 후원하는 것이 훨씬 효과적이지 않겠느냐는 비판은 일리 있었다. 그러나 그가 모든 걸 잃어버린 건 아니었다. 윌리엄은 보통사람이 추구하고 기대하는 삶을 살지 않았지만, 오히려 세상에서 누릴 수 없는 가장 눈부신 삶을 살았다.

그가 보여준 놀라운 '십자가의 희생정신'은 수많은 사람들에게 거룩한 도전을 주어 제2, 제3의 윌리엄 보덴이 태어나게 했다. 그의 후예들은 윌리엄 보덴이 가려고 했던 중국을 비롯해 여러 선교지로 가서 복음의 역사를 일으켰다. 하나님께서 윌리엄에게 심어주신 비전 심장이 다른 이들에게도 심긴 것이다.

사람들은 대개 자기 원대로 미래를 꿈꾸지만, 윌리엄은 하나님의 마음으로 미래를 바라보았다. 그 길이 비록 거칠고 험하더라도, 하나님께서 보여주신 미래에 기꺼이 헌신했다. 어쩌면 실패로 보일 수 있는 삶에 대해 후회 없다는 결론을 미리 내렸다.

하나님께서 보여주시는 비전으로 살아가는 사람은 이처럼 과정이나 결과에 관계없이 승리를 누린다. 그러나 자기의 꿈을 삶의 이유로 정한 사람은 과정이 어려우면 힘들어한다. 원하는 결과가 나오지 않으면 자괴감에 빠진다. 하나님의 비전에 쓰임 받는 사람은 하나님의 부르심을 받은 것만으로 충분히 만족한다. 하나님께서 펼쳐 가시는 인생 스케줄에 기꺼이 맞춰간다. 훗날 그 열매를 누리지 못한다 해도 개의치 않는다. 하나님의 위대한 비전에 동참했다는 사실만으로 이미 감격했기 때문이다.

○ **잘 낚으시는 하나님**

70세의 노인 아브라함은 우상을 제작하는 일을 가업으로 삼고 살았지만 자녀가 없었다. 하나님께서 그런 그를 복의 근원으로 삼아주시겠다는 하나님의 거룩한 소원으로 초청하셨다(창세기 12장).

자녀 없이 삶을 마감한다는 것은 당시에는 가혹한 형벌이었다. 어떤 성취를 이루더라도 자녀가 없으면 헛된 삶으로 간주하던 때였다. 육신의 심장은 뛰고 있어도 사는 낙이 없던 아브라함의 영적 심장이 하나님의 약속을 듣자 뛰기 시작했다. 자녀가 생길 수 있다는 소망이 생겼기 때문이다. 밤하늘의 별보다 더 많은 자녀들이 그로 인해 복을 받을 것이라는 말씀은 아브라함이 본토 친척 아비 집을 떠나게 한 말씀이기도 했다.

80세 노인이 된 모세는 변방에서 양을 치며 격랑의 인생 끝자락을 보내고 있었다. 어느 서사시보다 격정적이던 그의 삶은 그렇게 끝나는 듯했다. 하나님은 그런 모세를 거룩한 비전의 자리로 인도하셨다(출애굽기 3장). 애굽을 깨뜨리고 430년 동안 멈춰 있던 하나님의 약속을 다시 여는 위대한 꿈의 자리로 부르신 것이다.

모세는 처음에는 "나이가 많다, 말할 줄 모른다, 이스라엘 백성이 나를 환영하지 않을 것이다"라며 부르심을 거절했다. 모세의 심장이 거의 멈춰 있었던 것이다. 하지만 하나님은 결국 모세를 설득시키시고 그의 심장을 뛰게 하셨다.

사사 기드온은 민족의 극심한 위기 속에 절망하면서도 자기 배만 채우려 한 이기적인 사람이었다(사사기 6장). 그런 기드온에게 하나님께서 나타셨다. 약속의 땅을 강탈한 미디안 족으로부터 이스라엘을 구원하는 일에 그를 큰 용사로 사용하시기 위해서였다. 자존감이 무너져 자신을 초라하게 여기던 기드온에게 여러 가지 사인을 보여주시면서, 그를 하나님의 횃불로 사용하셨다.

하나님께서는 하나님의 일꾼에게 하나님의 위대한 역사를 먼저 보여주신 다음 움직이신다.

주 여호와께서는 자기의 비밀을 그 종 선지자들에게 보이지 아니하시고는 결코 행하심이 없으시리라 _아모스 3:7

그것은 마치 영화의 예고편 같다. 다이나믹한 예고편이 영화에 대한 기대치를 극대화시키는 것처럼, 하나님의 백성은 하나님의 영광을 보고 마음에 불이 붙는다. 시대마다 하나님께서 사용하신 사람은 예고편 같은 하나님의 영광에 사로잡혀 그 시대를 하나님의 나라로 세워가는 일에 헌신했다.

○ **하나님의 눈을 가진 사람**

요셉은 애굽에서 최고의 영화를 누리며 살았다(창세기 41장). 그는 7년간의 흉년을 극복하는 과정에서 절대 권력을 가지게 되었다. 화려한 제국에서 왕 다음 가는 권력을 가지고 있었지만, 요셉의 눈은 언제나 약속의 땅을 바라보았다. 요셉은 살아가는 동안 비록 가나안으로 가지 못하고 애굽에서 숨을 거두지만, 하나님의 약속대로 가나안 땅에 갈 것을 언제나 기대했다. 그래서 자신의 유골이나마 가나안에 묻으라고 후손에게 명한 것이다.

> 요셉이 또 이스라엘 자손에게 맹세시켜 이르기를 하나님이 반드시 당신들을 돌보시리니 당신들은 여기서 내 해골을 메고 올라가겠다 하라 하였더라 _창세기 50:25

사실 가나안은 요셉에게는 약속의 땅이 아니라 악몽의 땅이었다. 형들에게 지속적으로 은따(은근한 왕따)를 당했고 폭행과 인신매매까지 당했다. 사람들은 상처를 입은 곳은 가급적 회피하려고 한다.

그러나 요셉은 어린 시절의 고통스러운 기억이 가득한 가나안으로 가기를 소망했다. 사람들의 생각을 뛰어넘는 하나님의 비전으로 그 땅을 보았기 때문이다.

하나님의 눈을 가진 사람은 상황을 믿음으로 보고 해석한다. 사람들이 보기에 터무니없고 불가능해 보여도 예수 심장을 품은 사람은 덤덤히 받아들인다. 하나님의 사람은 세상이나 사람의 눈이 아니라 하나님의 눈으로 보기 때문이다. 그래서 누구도 생각하지 않았던 새로운 시각으로 보게 되는 것이다. 새 일을 행하시는 하나님께서 새 일을 보여주시기 때문이다.

07

하나님 차원으로
보는 사람

○　　　**1차원으로 보는 사람들**

　　몽골 사람이 세상에서 시력이 가장 좋은 사람으로 꼽힌다. 시력이 무려 7.0인 사람도 있다고 한다. 그는 2킬로미터 밖의 물체를 식별할 수 있었다고 한다. 몽골 사람이 주로 드넓은 평원에서 사냥에 집중하며 살기에 시력이 좋은 것 같다. 칭기즈칸이 유럽을 휩쓸 때도 몽골 사람의 뛰어난 시력이 승리에 도움을 주었다. 뛰어난 시력이 더 멀리 선명하게 보게 하지만, 어쨌든 사람의 시력에는 한계가 있다.

　　시력뿐 아니라 편견도 생각해볼 문제다. 편견은 한쪽 또는 하나만 보고 다 아는 것처럼 착각하는 것을 말한다. 그래서 가장 무서운 사람이 책 한 권만 읽은 사람이라는 말이 있다. 적은 지식과 편견에 사로잡혀 다른 사람의 이야기를 듣지 않기 때문이다. 어떤 선택이나 결정을 할 때 자기 판단만 의지한다. 어려운 상황을 이겨내고 자수성가한 사람은 자기의 성공 방식 때문에 미래가 묶이기도 한다. 이런 사람을 1차원적이라고 말할 수 있다. 편협한 독서나 개인의 경험을 통해 축적한 열은 지식이 판단 기준이다. 결국 근시안적이고 아전인수로 상황을 해석해 판단하게 된다. 결과적으로 자신이 어려운 상황에 처하거나, 자기가 속한 공동체와 나라까지 위험에 빠뜨릴 수도 있다.

구한말 제너럴셔먼호가 조선에 들어와 전쟁이 일어났을 때, 대원군은 그 미국 상선을 불태우는 승리를 거두었다. 외세로부터 조선을 보호하는 것이 최선이라는 기존의 생각은 더 굳어졌다. 쇄국 정책은 강화되었고, 급변하는 역사의 전환기에서 변화하고 발전할 가능성을 스스로 차단시키고 말았다. 당시는 그런 결정이 나라를 위한 일이라고 여겼지만, 그 결과 우리나라는 국력이 급속도로 쇠락해지고 일본에 나라를 빼앗기는 치욕까지 당했다. 그 후유증을 아직까지 앓고 있다.

한 사람의 편견과 고집이 타인과 시대와 민족에까지 얼마나 큰 어려움을 주는지 알아야 한다. 자기 생각만 고수하고 양보하지 않는 것은 위험하다. 자기 세계에 갇혀 다른 의견을 무시하고 단독으로 행동하는 것은 자신뿐 아니라 인류 미래에 대한 범죄일 수 있다.

자신의 눈으로 보았던 사람들

에서는 배고픔을 해결하기 위해 큰아들로서 누릴 권리인 장자권(長子權)을 팔았다. 장자권이 얼마나 숭고한 가치를 지니는지 알지 못했기 때문이다. 에서는 당장 눈앞의 한 끼 식사를 해결하는 것이 중요했다. 육신의 양식과 비교할 수 없는 장자권의 가치를 전혀 알지 못했다. 욕망과 자기 생각에 갇혀 있었다. 그는 본능에 따라 선택했으며, 성경은 그를 망령된 자로 규정한다.

> 음행하는 자와 혹 한 그릇 음식을 위하여 장자의 명분을 판 에서와 같이 망령된 자가 없도록 살피라 _히브리서 12:16

〈민수기〉 21장은 이스라엘 백성이 광야에서 죄를 범해 불뱀에 물려 죽는 비극이 일어났음을 보여준다. 이스라엘이 하나님께서 금하신 일을 저질렀기 때문이다. 이 문제를 해결하기 위해 하나님께서는 모세에게 놋으로 뱀 모양을 만들고 장대에 달게 하셨다. 그걸 바라보면 낫게 될 것이라고 백성에게 알리라고 하셨다. 이성적으로는 도무지 납득할 수 없는 치유 방법이었다. 하지만 믿음으로 그 장대를 보는 이들은 나았다. 그러나 자기 생각에 갇혀 장대를 바라보지 않은 이들은 결국 죽었다. 그들은 하나님의 말씀에 순종하지 않았고, 치유해주시겠다는 말씀에도 순종하지 않았다. 아집이나 자기 생각을 붙드는 사람은 스스로 무너질 수밖에 없다.

리틀맘의 비극

17세 여고생이 아기를 출산해 기르는 모습을 방송으로 본 적이 있다. '리틀맘'이 되어 학교도 가지 못하고 아기를 양육하고 있었다. 그녀는 그 아기를 낳기 전에 이미 한번의 낙태를 경험했다. 낙태하면 출산한 것과 다름없는 후유증이 오는데, 몸을 추스르기도 전에 또 임신한 것이다. 주변에서 또 낙태를 권했지만, 이번에는 목숨 걸고 아기를 낳았다고 했다.

기자는 왜 남자친구의 성관계 요구를 거절하지 않았는지 물었다. 거절하면 남자친구가 바람을 피우니 어쩔 수 없이 관계를 가진 것이라고 참담한 표정으로 답했다. 남자친구는 그녀를 사랑한 것이 아니었다. 욕망을 채우는 도구로 여겼을 뿐이다. 그녀는 그런 남자친구로부터 버려질까 두려워 끔찍한 선택을 한 것이다. 자기 생각에 붙들린 것이다. 자기 생각의 틀에 묶일 때 어리석은 선택을 하게 된다. 지금은 유일하고 최선의 선택 같지만, 잠시 후 그런 결정을 내린 자신을 원망하고 후회한다.

〈사사기〉는 성경 역사상 가장 어두운 시기의 기록이다. 젖과 꿀이 흐르는 약속의 땅 가나안에 살게 되었지만 약탈과 착취를 당하는 고통을 수없이 겪게 되었다. 그 이유를 〈사사기〉의 마지막 구절은 정확히 설명한다.

그 때에 이스라엘에 왕이 없으므로 사람이 각기 자기의 소견에 옳은 대로 행하였더라 _사사기 21:25

사사 시대에는 저마다 자기 느낌과 생각을 따라 결정하고 행동한 것이다. 이런 무정부적 상태는 자유를 누리는 것이 아니다. 결과적으로 모두 불행해진다. 이처럼 모든 것을 자기가 보고 생각한 대로만 판단하고 살아가는 사람을 1차원적이라고 말할 수 있다.

○　　　**2차원으로 보는 사람들**

사람은 도구를 사용하면서 더 다양한 세계를 보게 되었다. 1670년 네덜란드의 레벤후크와 로버트 훅이 현미경을 발명했다. 그후 인류는 미생물이라는 새로운 세상을 볼 수 있게 되었다. 미생물의 세계는 이미 존재했지만 단지 볼 수 없었을 뿐이었다. 눈에 보이지 않는다고 해서 없는 것이 아니었다. 현미경을 통해 미생물의 세계를 관찰하면서 과학과 의학에 놀라운 발전을 이루었다.

1990년 우주선 디스커버리호에 실려 지구 상공 610킬로미터 궤도에 진입해 우주 관측활동을 시작한 것이 허블망원경이다. 12톤 무게의 허블망원경은 지구에 설치된 망원경보다 50배 이상 선명하게 우주를 관찰할 수 있다. 그리하여 이전까지 지상 망원경으로 얻을 수 없던 정밀한 관측 자료를 확보했으며, 이를 통해 천문학이 크게 발전했다.

1895년 독일의 한 물리학 교수가 가스로 채워진 관에 전기를 통과시킬 때 나타나는 음극선 형광을 연구하던 도중 작은 스크린에서 이상한 빛을 발견했다. 이 빛을 연구하다 우연히 뼈의 윤곽사진을 얻게 되었다. 그는 이 빛을 X선이라고 불렀으며, 덕분에 이전에 겉으로 볼 수 없던 인체의 내부를 수술하지 않고도 보게 되었다. 그가 최초로 X선을 발견해 노벨 물리학상을 받은 빌헬름 뢴트겐이다.

도구를 효과적으로 사용하면 보다 선명한 정보를 얻을 수 있으므로 더 정확한 판단이 가능하다. 있다. 특히 의료 분야에서 이런 도구는 절대적 도움을 준다. 환자의 상태를 정확히 파악하고 가장 현명하게 대처할 수 있기 때문이다. 또한 의사들이 사진 자료를 함께 판독하는 회의를 통해 보다 효과적인 치료가 가능해졌다. 경험 많은 전문가들의 조언을 얻을 수 있기 때문이다. 이것이 2차원으로 보는 것이다. 2차원적인 사람은 1차원적인 사람보다 효과적으로 보고 판단할 수 있다.

입시전문가 VS 학부모기도회

사람들은 전문가의 말을 우선 신뢰한다. 어떤 문제가 발생하면 그 분야 최고의 전문가에게 자문을 구하려 한다.

내가 교목으로 일할 때 한 달에 한 번 학부모기도회를 개최했다. 학기 초 학생 조사를 통해 기독교인 학부모의 연락처를 확보해 학생들 손에 학부모기도회 소식지를 들려보내고 직접 문자로 기도회 개최를 알렸다. 자녀가 공부하는 현장에서 부모가 기도하는 일이 얼마나 소중한지 강조하며, 함께 기도할 것을 부탁했다.

중학교와 고등학교 학생이 모두 2,500명이었기에 기독교인 학부모 숫자는 제법 많았다. 하지만 매월 개최된 학부모기도회에 참여하는 부모님은 그리 많지 많았다. 평균 20명 내외였다.

입시철이 되면 유력한 입시기관이 실시하는 입시설명회는 발 디딜 틀 없을 정도로 성황을 이룬다. 학부모들이 오랫동안 입시 분야에서 활동해온 전문가의 말을 신뢰하기 때문이다. 유력 입시학원에서 이름난 강사들이 학교에 찾아와서 입시설명회를 열기도 했다. 그런 날에는 3개 운동장이 학부모들의 자동차로 가득 찬다. 교실에 꽉 찬 학부모들은 입시 전문가의 말을 하나도 놓치지 않으려 집중한다. 자녀의 미래가 달린 시간이라 확신하기 때문이다. 시간은 나는 것이 아니라 내는 것임을 그때 알았다.

이처럼 사람들은 다른 사람들의 조언을 참고해 중요한 일을 결정한다. 하지만 아무리 전문가의 정보를 듣는다고 해도 정보가 자녀의 미래를 완전히 책임질 수 없듯, 2차원적으로 보는 것에도 한계는 있다.

압살롬은 아히도벨의 탁월한 전략 덕분에 반란에 거의 성공할 수 있었다(사무엘하 15-17장). 아히도벨의 지략이 마치 하나님께 들은 것처럼 뛰어났기 때문이다. 아히도벨은 압살롬에게 삼국지의 유비가 삼고초려 끝에 영입한 제갈공명 같은 사람이었다. 그런 아히도벨이 압살롬 편이 됐다는 소식을 들은 상대편 군사들은 싸워볼 생각도 않고 투항했다. 대세는 압살롬 편에 있었다. 압살롬은 예루살렘을 접수했으며, 이스라엘 왕국의 패권을 손에 넣기 직전이었다.

하지만 결정적 순간, 압살롬은 아히도벨의 가장 효과적인 전략을 채택하지 않았다. 다윗을 돕기 위해 거짓으로 투항한 후새가 다윗에게 유리한 전략을 제시했는데, 이를 어리석은 압살롬이 받아들인 것이다. 이런 극적 반전은 하나님께서 아히도벨과 압살롬의 반란을 무너뜨리기 위해 역사하셨기 때문이었다.

아히도벨은 마치 '알파고'처럼 최적의 전략을 찾아내고 제시했다. 그러나 아무리 하나님의 지혜와 맞먹는 뛰어난 통찰력을 가진 책사라 할지라도 결국 모든 승리를 보장하지 못했다. 결과적으로 압살롬이 사람의 판단을 믿었던 것이 오히려 망하는 길이 되고 말았다.

○ **3차원으로 보는 사람**

리처드 브랜슨은 영국 굴지의 기업 버진 그룹의 CEO다. 그가 쓴 책이 《내가 상상하면 현실이 된다》(리처드 브랜슨 저, 리더스북)다. 그는 어려서 난독증으로 고생했으며 17살에 학교를 중퇴했다. 그는 마음으로 상상하고 꿈꾸는 일을 현실화시키곤 했다. 중퇴한 다음 〈STUDENT〉라는 잡지를 창간해 많은 구독자를 둘 정도로 일찌감치 사업 실행력이 뛰어났다. 음악 산업을 성공시키고 항공 산업에도 진출해 상업우주여행이라는 아이템을 현실화시키기도 했다. 무일푼으로 사업을 시작했지만, 상상을 현실로 만들어내는 능력이 탁월했던 것이다. 그의 상상력은 시대를 앞서갔고 큰 성공을 안겨주었다. 그는 보통사람이 보는 것과 다른 방식으로 상상하고, 상상을 현실로 이루는 열정의 모험가다.

'오마하의 현인'으로 알려진 투자가 워렌 버핏은 보통사람이 감히 따라갈 수 없는 탁월한 감각으로 투자를 해 엄청난 이익을 달성해왔다. 그래서 그와 점심식사를 하는 일이 경매가 되기도 한다. 2008년에 3시간 동안 워렌 버핏과 식사하는 일이 39억 원에 낙찰되었다. 경매 수익금은 전부 기부됐는데, 그런 엄청난 대가를 기꺼이 지불하고도 워렌 버핏을 만나려는 것은 사업에 대한 통찰력을 얻으려 하기 때문이다.

세상에는 브랜슨과 버핏처럼 보통사람과 전혀 다르게 세상을 보는 사람이 있다. 그들은 그들만의 기준으로 세상을 본다. 시각이 전혀 다른 것이다. 미래를 읽는 눈과 미래의 소리를 듣는 귀가 발달돼 더 빨리 미래를 준비한다. 이런 사람은 세상과 미래를 3차원으로 보는 것이다.

문득 떠오른 아이디어

잭 안드라카는 13살 때 아버지의 친구인 옆집 아저씨가 사망하자 충격을 받았다. 잭을 각별히 챙겨주던 아저씨였기에 슬픔이 컸다. 그 아저씨의 사망 사유가 췌장암인 사실을 알게 되었다. 애플 창업자 스티브 잡스도 이 병으로 사망했다. 잭은 췌장암에 호기심이 생겼다. 췌장암이 무엇이기에 다정한 아저씨를 빼앗아갔을까? 췌장암을 예방하고 치유할 방법은 없을까? 잭은 당시만 해도 느렸던 미국의 인터넷으로 췌장암에 대해 조사하기 시작했다.

췌장암은 조기에 발견하면 치료하기 쉽지만, 환자의 85퍼센트

이상이 말기에 발견되어 생존확률이 2퍼센트에 불과하다. 그러나 조기 발견이 어려운 이유는 진단법이 만들어진 지 무려 60년이 지났으며 검사 비용도 비쌌다. 검사를 받아도 정확도는 30퍼센트 이하였다. 잭은 직접 췌장암 진단장치를 만들겠다고 결심했다. 기존 장비보다 빠르고 저렴하며, 간단하고 정확한 진단 방법이 필요했다. 잭은 특정한 단백질이 췌장암, 난소암, 폐암 같은 암세포에 반응한다는 사실을 알게 되었다. 만일 암이 생겼다면 그 단백질이 검사에 반응할 것이다. 그것을 미리 발견하면 되는 것이었다. 그는 고등학교 생물 수업시간에 영감이 떠올라 해결 방법을 생각해냈다. 단순한 방법이지만, 어떤 단백질인지 일일이 조사하기로 한 것이다.

사람의 혈액에서 발견되는 8천 종의 단백질 중에서 암에 반응하는 단백질을 찾아내는 일은 지루했다. 그러나 잭은 하나씩 차근차근 찾아나갔다. 친구들이 놀러가자고 해도, 가족이 여행을 가자고 해도 거절하며 그 일을 계속했다. 결국 약 4천 번째 조사에서 그 단백질이 메소텔린이라는 것을 발견했다. 그러나 그것이 끝은 아니었다. 발견한 것을 상용화하는 것은 차원이 다른 문제였다. 전문 의료기관의 검증을 거쳐야 했다. 대학병원에서 암에 대한 연구를 하는 교수들에게 메일을 보냈지만 99회 이상 거절당했다. 고등학생의 제안에 관심을 가질 이유가 없었을 것이다.

하지만 포기하지 않은 잭은 결국 존스홉킨스대학교의 마이트라 교수 연구진의 도움을 받아 문제를 해결하게 된다. 당뇨병을 검사하는 값싼 시험지를 응용해 간단히 췌장암을 진단할 수 있는 장치가 개발된 것이다. 이는 기존 방식보다 168배 빠르고 400배 민감하며, 비용은 2만 6천 배나 저렴할 뿐 아니라 검사 정확도는 거의 100퍼센트였다. 이로 인해 국제적 과학경진대회인 ISEF에서 대상을 받았고, 수많은 의학자로부터 미래 의학을 바꾼 사건이라는 격찬을 받았다. 그 덕에 수많은 가정이 췌장암의 공포에서 벗어나게 되었다.

한 소년에게 친한 아저씨의 죽음은 심장이 멈출 만큼 아팠다. 그러나 오히려 소년의 인생을 바꾸는 계기가 되었고, 그의 꾸준한 노력으로 현대의학사에 획기적 업적을 낳았다. 이 일을 가능케 한 것은 고등학교 수업시간에 문득 떠오른 단순한 상상력이었다. 그때까지 아무도 생각하지 못했던 아이디어 하나가 문제를 해결하는 데 결정적 공헌을 했다.

세계 문명사를 바꾼 공식이나 해법은 문득 떠오른 경우가 많다. '유레카'를 외친 아르키메데스는 목욕하다 해법을 찾았다. 뉴턴은 떨어지는 사과를 보고 만유인력의 법칙을 발견했으며, 제임스 와트는 난로 위의 주전자가 끓는 것을 보고 증기기관을 발명했다. 3차원적인 생각은 역사와 세상에 변화를 일으킨다.

○   **4차원으로 보는 사람**

〈모래시계〉라는 드라마가 엄청난 시청율의 광풍을 일으킬 때 이 드라마의 별명은 '귀가시계'였다. 드라마가 방송되기 전에 귀가를 서둘렀기 때문이었다. 방송 시간에는 거리가 한산할 정도였다. 최근 〈태양의 후예〉가 방송될 때 남편이 아내의 드라마 시청을 방해하면 엄청난 후폭풍에 시달리기도 했지만, 그때는 더 했던 것 같다.

인기있는 드라마는 매회 마지막 1분에 엄청난 반전을 보이거나 극적 긴장감을 고조시킨다. 그래놓고 '다음 주에 계속'이라는 안내문이 뜬다. 그러면 시청자는 다음 회를 기대하지 않을 수 없다. 그래서 화제가 되는 드라마는 팬들이 자발적으로 인터넷에 시청 소감을 올리고 활발히 토론하기도 한다. 드라마가 어떻게 전개될지 추정하고 의견을 공유하는 것이다.

그러나 시청자가 아무리 결말을 상상해도 드라마의 결말을 결정하는 사람은 따로 정해져 있다. 바로 작가다. 이야기의 결말이 어떻게 될지 결정하는 권한은 드라마 작가에게 있는 것이다. 이것을 '전지적 작가 시점'이라고 한다. 시청자가 무엇을 상상하든, 결국 드라마 작가에 따라 모든 것이 결정된다. 이런 것이 4차원적으로 보는 것이다.

인생도 하나님께서 쓰시는 드라마 같다. 인생 드라마는 해프닝으로 구성되는 단편 시트콤이 아니다. 장편 대하 드라마다. 작가는 하나님이시다. 인생 드라마는 결국 하나님 손 안에 있다. 지금 내가 인생 밑바닥에 떨어진 것 같아도, 다시는 회복할 수 없게 붕괴한 것 같아도 결론은 하나님께 달렸다. 내 삶의 이야기는 하나님께서 쓰시는 대로 전개될 것이다. 내게 도움 줄 사람이 하나도 없다 해도 상관이 없다. 주변 사람이 나에 대해 아무리 부정적 의견을 쏟아내도, 내 과거의 잘못 때문에 앞날이 어둡게 보여도, 우리의 삶은 사람의 의견이나 예측대로 결정되지 않는다. 나를 향한 하나님의 선하신 계획대로 결론날 것이다. 내 미래는 하나님께 달려 있다.

그러므로 예수 심장의 사람은 자기 생각만 1차원적으로 고집하지 않는다. 2차원적으로 사람의 조언만 의지하지 않는다. 3차원적으로, 어떤 '느낌적인 느낌'만으로 결정하지 않는다. 예수 심장의 사람은 예수 심장이 울리는 4차원적 사인에 반응한다. 자신을 통해 이루기 원하시는 하나님의 꿈에 반응하는 것이다.

지금은 조금 불리해 보일지라도

사람들은 앞으로 펼쳐질 자신의 미래를 위해 오늘 결정하고 판단해야 할 분야가 있다. 학생이 전공을 정하거나 직장에서 부서를 선택하는 일 따위다. 그럴 때 사람마다 나름의 기준이 있는데, 대개 선택하는 전공이나 직업이 얼마나 수익성이 좋은 일인지를 따진다. 안정적으로 정년이 보장되는지도 중요한 고려사항이다. 현재는 조금 힘든 분야라 해도 장래에 인정받을 것을 기대하기도 한다. 혹은 보상이 많지 않아도 그저 즐겁게 일할 수 있으면 충분하다고 생각한다.

박수웅 장로님은 국제유학생수련회 코스타의 30년 역사에서 가장 많이 참석한 강사다. 미국의 마취과 의사로 바쁜 분이 틈틈이 시간을 내 유학생들에게 복음을 전해왔다. 2013년 북경 코스타를 섬길 때 자신이 이 사역을 감당할 수 있는 비결을 들려주었다. 박 장로님이 미국에서 의학을 공부할 때 전공을 결정한 기준은 이런 것이었다.

"영어를 많이 하지 않아도 일할 수 있고, 병원에 많은 시간을 매이지 않아 교회를 섬길 수 있고, 나아가 하나님의 일을 많이 할 수 있으면 좋겠다. 어떤 대우를 받는지는 중요하지 않다."

그런 조건에 맞는 전공을 찾다 마취과를 선택한 것이다. 마취 전문의로서 박 장로님이 할 일은 수술 전에 환자를 마취시키는 것으로 끝난다. 영어가 서툴렀던 젊은 시절에는 환자들과 의사소통할 일도 많지 않았다. 마취과는 여유 시간도 많은 편이었다. 그래서 주를 위한 일을 더 열심히 하게 되었다. 박 장로님이 마취과를 지원한 초기에는 마취과 의사의 수입이 많은 편이 아니었다. 하지만 시간이 지나면서 마취과가 중요해졌고 보수도 많아졌다. 이제는 장로님이 마취 분야에서 상당한 경력을 쌓아온 터라 중요한 영향력도 끼치고 있다. 나는 박 장로님이 자신의 미래를 4차원적으로 본 결과라고 생각한다.

○ **예고편을 보여 주시는 하나님**

하나님은 즉흥적으로 일하지 않으신다. 시작하신 일을 대충 수습하지도 않으신다. 실수가 없으신, 완벽하신 하나님이시다. 일점일획도 빈틈없이 완벽한 계획을 세우시고, 그 선한 길로 자녀들을 부르신다.

아주 중요한 군사작전을 펼칠 때는 먼저 대장이 전 대원을 모아 상세하게 브리핑한다. 하나님께서도 하나님의 자녀들에게 앞으로 열어갈 위대한 날을 먼저 보여주신다. 하나님의 위대한 영광을 보여주시며, 하나님께서 부르신 사람들의 심장을 뜨겁게 박동하게 하신다. 하나님은 그렇게 놀라운 4차원 전지적 작가 시점으로 우리를 이끄시는 것이다. 우리는 그 길을 따라가기만 하면 된다.

주 여호와께서는 자기의 비밀을 그 종 선지자들에게 보이지 아니하시고는 결코 행하심이 없으시리라 _아모스 3:7

하나님 손에
그냥 너를 맡겨봐

○　　**돌덩어리가 불멸의 걸작품으로**

어느 날 이탈리아의 한 시골 마을 출입구에 큰 돌이 놓였다. 이탈리아의 유명한 대리석 산지인 카라라 광산에서 조각가의 주문에 의해 채집된 대리석이었다. 그런데 운송 과정에서 조각가의 요구에 맞지 않는 흠이 발견되었다. 대리석을 운송하던 사람들이 그 대리석이 아까웠지만 포기하고 몰래 길가에 버린 것이었다. 큰 돌 때문에 통행하기 불편해진 마을 사람들은 애꿎은 대리석을 향해 욕설을 퍼부었다. 하지만 무거운 돌을 치우려는 사람은 없었다.

하루는 그 마을을 지나가던 낯선 사람이 그 돌을 보았다. 그는 걸음을 멈추더니 대리석에 시선을 고정한 채 오랫동안 움직이지 않았다. 한참 뒤, 그가 가방에서 망치와 정을 꺼내 들었다. 그 또한 조각

가인 모양이었다. 조각할 수 없다고 버려진 대리석으로 작업하는 그를 마을 사람들은 이해할 수 없다며 고개를 저었다. 그러나 오랜 시간이 지나 작업을 마쳤을 때, 그 대리석은 위대한 예술품으로 변해 있었다. 훗날 이 작품은 '다윗상'으로 불리게 됐다. 조각가의 이름은 미켈란젤로였다.

사람들은 대리석을 볼품없고 쓸모없으며 통행에 방해를 주는 흉물 정도로 생각했다. 돌의 가치를 알아차리지 못한 것이다. 하지만 미켈란젤로는 버려진 대리석 안에서 다윗의 모습을 보았던 것이다.

미켈란젤로가 이 작품을 조각하고 있을 때 한 아이가 다가와 물었다.

"아저씨는 무슨 일을 하고 계세요?"

그가 미소를 머금고 대답했다.

"나는 지금 이 속에 있는 천사를 꺼내고 있는 중이야."

사람들은 주변의 시선에 상당히 신경을 쓴다. '사람들이 나를 어떻게 생각하는가?' '가족들은 내가 어떤 사람이 되기를 원하는가?' 그러나 막상 자신의 꿈에 대해서는 그만큼 관심을 기울이지 않는다. 우리는 사람들이 나를 어떤 시선으로 보는가보다 하나님께서 나에 대해 어떤 계획을 가지고 있는가에 주의해야 한다. 하나님이 나를 통해 품으신 꿈이 무엇인지 알아야 하는 것이다.

예수 심장을 품은 사람은 야망이나 다름없는 자기 욕망을 앞세우지 않는다. 자기 꿈을 이뤄달라고 하나님을 설득하지 않는다. 대신 하나님의 선하신 소원을 본다. 그것을 우리는 비전이라고 말한다.

때로는 그 비전이 사람들이 보기에 터무니없고 이해되지 않을 수 있다. 그래도 포기하지 않는다. 하나님의 비전을 선택해 재산을 잃는다 해도, 때로는 결말이 어처구니없어도 그 길을 걸은 것을 후회하지 않는다. 예수 심장이 그 길의 끝을 믿음으로 보게 하며 걷게 하는 능력을 주기 때문이다.

○　　　**부정적 예측을 스스로 증명하려는가?**

청소년과 청년들과 이야기를 나눠보면 저마다 갈등과 고민이 있는 것을 보게 된다. 다른 아이들의 부러움을 한 몸에 받는 아이라 해도 그 안에는 불안과 공포가 있다. 다들 미래가 불안하고 두렵기 때문이다. 그리스도인으로서 신앙 훈련을 받고 교회에서 중요한 직분을 맡고 있는 청소년과 청년들에게도 이런 모습이 발견된다. 나는 그들에게 이렇게 말해준다.

"지금이 너의 전부가 아니다."

"네가 잘 안 될 거라고 장담하는 이들의 거짓예언을 네가 깨뜨려 버려라!"

고3이 되면 담임선생님과 진학 상담을 자주 한다. 그럴 때 학생의 성적표가 선생님의 손에 들려 있다. 선생님은 그 성적표를 보고 그 학생이 어떤 대학교에 갈 수 있을지 추정하는 것이다. 그 추정은 일 년 후 거의 적중한다. 그런데 고3 담임을 오래 해서 전문가 경지에 이른 선생님의 예측을 보기 좋게 깨뜨리는 학생도 가끔 나온다.

전문가가 데이터를 보고 판단하여 내린 결정을 증명하는 삶을 살 것인가? 아니면 예측을 깨뜨리는 특별한 샘플로서 살아갈 것인가? 그것을 증명하는 것은 오직 자기 자신이다. 우리의 미래는 전문가들의 평가에 좌우되지 않는다.

지금의 내 모습을 보고 비아냥대는 사람이 있을 수 있다. 명절에 친척 집에 가면 그런 훈수를 두는 어른이 반드시 있다. "지금 그 성적으로 대학은 갈 수 있겠니?" 하는 식이다. 그런 어른을 만나는 것은 정말 고역이 아닐 수 없다. 그런 말에 어떻게 대처할까? 어떤 아이는 우스갯소리로 자기에게 잔소리하려면 돈부터 내라고 당당히 말한다고 한다. 하지만 대개는 주눅이 들 수밖에 없다. 앞으로 10년 후에 그런 어른이 한 말대로 이뤄진다면, 내 미래를 예언(?)한 그 어른은 이렇게 말할 것이다.

"봐라! 내가 뭐라고 했냐? 난 얘가 이렇게 될 줄 진작 알았다!"

어쩌면 지금의 게으른 내 생활이 나에게 독설을 내뱉은 사람의 예언을 실현시킬 수 있다. 하지만 나의 실패를 장담하는 사람이 옳았다는 걸 내 인생으로 증명시켜서야 되겠는가? 그들의 시각이 얼마나 어리석고 잘못되었는지 내가 삶의 역전으로 보여주어야 하지 않겠는가.

아무리 거대한 맹수라도 큰 강에 빠지면 죽어서 강물에 떠내려가는 존재에 불과해진다. 반면, 작은 피라미라도 살아만 있다면 거센 강물을 거슬러 올라간다. 심장이 살아 있으면, 그 어떤 부정적 예측의 거센 강물이라도 거슬러 올라가는 힘을 제공해준다.

○ **세상에서 가장 비싼 곳은?**

우리에게 주어진 삶은 단 한 번뿐이고 연습이 없다. 리허설 없이 커튼이 오르는 연극과 같다. 그러므로 우리의 삶은 가장 가치있는 시간으로 채워야 한다. 그러자면 가장 가치있고 참된 꿈을 꾸어야 한다. 그런데 현대 대한민국 청소년들의 미래 희망이 '건물 임대업자' 또는 '정규직'이라는 이야기를 들을 때 참으로 안타까웠다. 그들이 진짜 자기를 위한 꿈을 만나지 못했기 때문이다. 예수 그리스도를 만나면 진짜 꿈을 만난다. 예수 심장이 들어오기 때문이다. 그러면 이전에 가진 모든 꿈이 시시해 보인다. 이전에 품은 소망이 아무리 간절했어도 배설물처럼 여기게 된다.

예수님을 만나 예수 심장이 작동하는 사람은 세상과 완전히 다른 꿈을 품는다. 부모님의 소원이나 주변 사람이 제안하는 희망이 아니라, 그리스도께서 보여주시는 꿈을 보기 때문이다. 그 꿈이 사람들 보기에 비록 터무니없고 큰 대가를 치러야 해도 포기하지 않는다. 꿈을 가로막는 어떤 장애도 물리치고 나아간다. 마침내 영광스러운 열매를 맺는 자리에 선다. 그러므로 꿈이란 그 자체로 얼마나 가치있는 것인가?

'비전을 디자인하는 프로젝트'라는 제목으로 수업을 시작할 때, 나는 학생들에게 이렇게 질문한다.

"세상에서 가장 비싼 곳은 어디일까?"

학생들이 답한다.

"스위스 비밀은행이요!"

132

"뉴욕이요!"

"홍콩이요!"

"루브르 박물관 아닌가요?"

나는 고개를 저으며 답을 말한다.

"공동묘지다."

뜻밖의 대답에 학생들은 어리둥절해한다. 나는 이유를 이렇게 설명해준다.

"'포트녹스'를 세상에서 가장 비싼 곳으로 꼽는 사람도 있다. 금괴를 보관하는 미국의 연방준비은행이기 때문이다. 은밀하게 모은 돈을 가장 안전한 방법으로 보관해주는 스위스 비밀은행도 아니다. 값을 매길 수 없는 역사적 예술작품을 소장한 루브르 박물관도 아니다. 모두 그럴싸한 답이지만 정답은 아니다. 공동묘지가 세상에서 가장 비싼 곳인 까닭은, 그곳에 저마다 이루지 못한 꿈이 꿈의 주인과 함께 죽어 있기 때문이다. 꿈보다 귀한 것은 없단다."

공동묘지에 묻힌 이들은 저마다 꿈이 있었을 것이다. 사람들에게 감동을 주는 작품을 만들겠다는 작가의 꿈이 매장돼 있을 것이다. 어떤 음악가의 꿈이 꽃을 피우기도 전에 주인과 함께 묻혔을지 모른다. 시대를 바꿀 기계를 만들겠다는 공학도의 꿈이 개봉되지도 않은 채 무덤 아래 있을 수 있다. 그러므로 놀라운 가능성을 품은 꿈이 무수히 많았지만, 미처 꿈을 펼쳐보지도 못한 채 묻혀버린 공동묘지야말로 값으로 환산할 수 없이 가장 비싼 곳이다.

이 책을 읽는 독자 누구라도 지난날 눈부시고 빛나는 꿈이 있었을 것이다. 꿈이 이루어질 순간이 너무 찬란해 눈조차 못 뜨게 할 멋진 꿈이 있었을 것이다. 어린 시절에는 누구나 그렇게 화려하고 눈부신 총천연색 꿈을 가진다. 배가 항구를 떠날 때는 반드시 목적지가 있듯, 용기를 내 힘찬 꿈의 항해를 시작했을 것이다.

인생은 흔히 그런 항해에 비유된다. 그것은 길고 먼 여정이다. 그런데 항구를 떠난 지 오래 되지 않아 폭풍 같은 위협을 만나게 된다. 환경이라는 거센 풍랑에 좌초당하기도 한다. 비아냥대는 말과 무시, 따가운 시선과 편하라는 어뢰를 직격탄처럼 맞기도 한다. 대부분은 그런 어뢰를 맞을 때 가라앉을 것이다. 여행을 시작할 때는 누구보다 든든하고 영롱한 꿈이었지만 타이타닉처럼 현실이라는 암초에 부딪혀 깊은 바다에 가라앉아 버린다. 혹은 환경이 너무 어려워 보여 일찌감치 꿈의 항해를 스스로 멈추기도 한다.

"나의 꿈은 여기까지야. 여기에서 멈추어야 해."

꿈을 위해 사는 것도 중요하지만, 현실적이어야 한다는 명제 앞에서 꿈의 전원 스위치를 내려버리는 것이다.

그대는 지금 어떤 꿈의 항구를 향해 항해하고 있는가? 항해는 쾌속항진중인가? 맞바람을 맞아 고통을 겪고 있는가? 아니면, 꿈은 그저 꿀 때가 아름답다고 생각하면서, 일찌감치 포기해버리고 침몰 중인가?

비록 그대의 꿈이 심연에 가라앉은 지 오래라 해도 다시 건져 올릴 수 있다. 예수 심장을 만나면, 우주전함 V호를 인양해 지구를 구하는 길고 긴 항해를 성공적으로 마치듯, 멈추었던 꿈의 항해를 계

속하고 마침내 수많은 역경과 고난을 뚫고 소원의 항구에 도달할
것이다.

> 저희가 평온함을 인하여 기뻐하는 중에 여호와께서 저희를 소원의
> 항구로 인도하시는도다 _시편 107:30

예수 심장이 우리 안에서 뛰기 시작하면 현실이라는 장벽에 갇혀
싸늘하게 식었던 피가 다시 뜨거워질 것이다. 그러면 멈춰 있던 하
나님의 꿈이 내 안에서 다시 펼쳐지기 시작한다. 먹고 살아야 한다
는, 최소한 다른 사람들만큼 살아야 한다는 부담감 때문에 묻어둔
꿈이 기지개를 켜고 날개를 활짝 펼쳐 날아오르기 시작한다.

지금 이 시간, 그대가 서 있던 자리에서, 열정의 불꽃이 식어버린
그곳에서 새롭게 열정이 불붙는 역사가 시작되기를 축복한다.

○　　**하나님은 위대한 작가**

나는 신학교를 다니던 24살 어느 가을의 화창한 날에
내 미래의 스케줄을 잡아본 적이 있었다. 결혼, 사역, 자녀와 미래에
대한 나의 희망사항을 적어본 것이다. 30대에는 이렇게 살면 좋겠
고, 40대는 이 정도로 사역이 펼쳐지면 만족하겠고, 50대와 60대에
희망하는 꿈까지 마치 초등학생이 여름방학 생활계획표 그리듯 그
려보았다. 당시 내가 처한 상황과 환경을 반영하고, 내 역량도 고려

해 희망하는 미래를 그린 것이다. 제법 많은 시간이 지난 지금 돌이켜 생각해보면, 그때 내가 기대했던 것보다 더 풍성한 은총으로 하나님께서 채워주셨다.

경제학자와 미래학자들은 대부분 미래를 부정적으로 묘사한다. 계급사회가 더욱 고착화되어 빈익빈 부익부 현상이 심화될 것이며 사회갈등이 진행되리라고 예측한다. 이런 시대에 이 나라에 태어난 것을 원망하며, 좀 더 높은 신분으로 태어나지 못한 것 때문에 좌절도 한다.

지금의 상황이 나로 하여금 꿈을 포기하게 만들 수 있다. '이망생'(이번 생은 망했다)고 외치면서 현실에 쓸쓸히 적응하는 자신을 고통스럽게 바라볼 수도 있다. 그러나 어떤 불리한 여건에서도 하나님의 꿈이 당신의 꿈이 되면 결국 놀라운 열매를 맺을 것을 믿으라. 하나님은 아무 대책 없이 일만 벌이는 분이 아니시다. 일단 당선되는 것이 급선무라 공약이 얼마나 현실적인지 제대로 검증하지 않고 쏟아 붓는 정치가와 완전 다른 분이시다. 약속에 신실하신 하나님이시다.

어떤 방송 드라마 작가는 처음에는 엄청 크게 이야기 판을 벌려 놓는다. 그러나 제대로 수습하지 못하고 우물쭈물 용두사미 격으로 어색하게 결말을 내려 원성을 사기도 한다. 하지만 하나님은 위대한 작가이시다. 하나님께서 세우신 선하신 계획을 따라 이야기를 시작하시면, 반드시 완벽한 결말로 끝맺으신다. 하나님은 우리에게 보여주신 언약을 잊지 않으신다.

○　　　　나보다 먼저 나에 대한 꿈을 꾸신 분

우리들이 소원을 말하면, 하나님은 그 소원을 들어주기만 하지 않으신다. 하나님은 우리에 대한 소원을 먼저 가지고 계신다. 하나님의 소원을 우리에게 미리 보여 주신다. 그것이 하나님의 꿈이다.

> 너희 안에서 행하시는 이는 하나님이시니 자기의 기쁘신 뜻을 위하여 너희에게 소원을 두고 행하게 하시나니 _빌립보서2:13

하나님께서는 모세에게 "네 꿈을 먼저 말해보라" 하신 다음 그것을 이루어주겠다고 하지 않으셨다. 먼저 하나님의 꿈을 보여주셨다. 그 꿈으로 모세를 부르셨고 설득하셨다. 모세가 처음에는 하나님이 보여주신 꿈을 받기 거절했지만, 하나님의 열심으로 모세를 설득하셨다. 이스라엘 백성이 그 꿈에 어울리지 않는 모습을 수도 없이 보였지만, 결국 하나님께서 세우신 꿈을 이루셨다. 이스라엘 백성이 가나안으로 가게 된 것이다. 하나님은 신실하시다.

하나님으로부터 시작된 꿈은 인간의 꿈이 끝나는 자리에서 본격적으로 시작된다. 인간의 생각이라는 불순물이 모두 제거되기를 주님은 기다리신다. 사람의 심장이 죽은 자리에 예수 심장이 작동하는 사람을 통해 하나님의 꿈이 펼쳐지기 때문이다. 그래서 예수 심장을 가진 사람은 현재의 고난이 아무리 어려워도 자기에게 묻어있는 독소들이 제거되는 과정으로 여기고 잠잠히 기다릴 수 있다.

그 시간을 지나야 하나님의 꿈이 이루어질 것이라고 기대하기 때문이다.

> 그러나 내가 가는 길을 그가 아시나니 그가 나를 단련하신 후에는 내가 순금 같이 되어 나오리라 _욥기 23:10

고대 스파르타 사람은 강인한 군사로 자랄 가능성이 없는 아이는 일부러 유기시켰다고 한다. 무력을 숭상했기에 약하고 병든 아이는 도태시킨 것이다. 자녀에게 어떤 목표치를 제시하고, 그것을 성취하도록 가혹하게 몰아부쳤다. 목표를 이룬 자녀는 받아들이고, 그러지 못한 자녀는 내치기도 했다.

그러나 우리 하나님은 선하신 아버지이시다. 세상이 포기한 이들 중에서도 세상을 바꿀 이들을 부르신다. 사람이 주목하지 않는 인생 중에서도 하나님의 사람을 찾으신다. 그러므로 우리를 통해 하나님의 꿈이 이루어지는 것을 가장 기대하는 분은 당연히 하나님이시다. 하나님은 우리의 아버지이시기 때문이다.

사람들은 자기가 하고 싶은 일을 못하게 되면 인생이 끝이라고 생각한다. 하지만 하나님은 사람이 몰락한 자리에서부터 본격적으로 일하기 시작하신다. 그리고 사람으로서는 감히 맺을 수 없는 탁월한 열매를 맺게 하신다. 그러므로 어떤 실패를 하더라도 하나님께서 멈추시기 전에 우리가 멈춰서는 안 된다. 하나님께서 반드시 선한 결과로 응답하실 것을 믿는 이들을 하나님은 실망시키지 않으신다. 내 심장을 뛰게 하는 꿈이 사라졌다 해도 예수 심장에서 나오는 하나님의 꿈은 마침내 이루어진다.

하나님으로부터 시작된 꿈은 사람을 살린다. 하나님이 심으신 비전 심장에서 시작된 꿈은 열방도 살린다. 그러므로 개인의 꿈을 이루려는 '심쿵' 심장이 추구하는 꿈을 버리고, 하나님께서 보이시는 '비전' 심장의 꿈을 붙들어라. 그 꿈은 마침내 하나님의 영광으로 나를 이끌고 간다. 내 안에 아직도 뱀처럼 똬리 틀고 있는 심쿵 심장의 피를 다 쏟아 버리고, 비전 심장에서 흘러나오는 주의 꿈으로 나를 채우자.

세상의 힘은 어려움은 극복하게 해줄지 모르지만,
예수 심장은 극한의 불가능을 돌파하며
십자가까지 견디게 한다.

3부

고물 심장을 파워 심장으로

Before
고물 심장 ➡ **After**
파워 심장

09

중력을 이길
엔진을 장착하라

○　　　**모터 자전거를 부러워 말라**

　　부산에서 신학대학원을 다닐 때, 섬기던 교회의 사역자
들이 나만 남겨두고 동시에 사직해 혼자 새벽기도회를 인도할 때가
있었다. 당시 살던 집은 지금은 폐기된 감천동 화력발전소 부근이
었고, 교회는 고신대학병원을 지나 대청동 국제시장 옆 메리놀병원
부근에 있었다. 거리는 대략 5킬로미터쯤 되었던 것으로 기억한다.

　　교회에서는 자동차가 없던 나에게 택시비를 주어 새벽기도회를
인도하도록 했다. 하지만 일주일을 다녀보니 여간 불편한 게 아니
었다. 이른 새벽이라 택시가 쉽게 잡히지 않았기 때문이다. 생각한
끝에 한달치 택시비를 한꺼번에 받아 자전거를 샀다. 자전거로 다
니면 시간을 예측할 수 있고, 운동 삼아 건강도 챙길 수 있을 거라는

생각이었다.

영화 〈매트릭스〉에서 모피어스가 말한 것처럼, "길을 아는 것과 길을 걷는 것 사이에 차이가 있다"는 말은 맞았다. 막상 자전거로 새벽기도회를 다녀보니 내 생각이 짧았다는 것을 금세 깨닫게 되었다. 내가 산 자전거는 전문가용이 아니어서 집에서 교회를 왕복하는 길을 다니기가 상당히 버거웠다.

감천동 화력발전소에서 고신대학병원까지는 계속 오르막길이다. 다음은 내리막길이다. 게다가 새벽의 거리에는 어시장에서 생선을 가득 싣고 나온 대형 화물차들이 신호와 제한속도를 무시하며 위험하게 운전하고 있었다. 새벽기도회를 마치고 돌아갈 때도 힘들기는 마찬가지였다. 그렇게 자전거로 일주일을 다니고 나니 익숙해지기는커녕 갈수록 힘이 들었다. 그러나 다른 방도가 없어 한동안 새벽의 자전거 타기를 계속해야 했다.

셋째 주 지난 어느 새벽, 자전거를 타고 경사진 길을 올라가는데 뒤에서 모터 소리가 들렸다. 모터 소리를 내는 물체는 금세 나를 추월해버렸다. 모터를 장착한 자전거였다. 요즘은 소형 오토바이인 스쿠터가 대중화되어 사라졌지만, 그 시절에는 자전거에 작은 모터를 달아 페달을 밟지 않아도 오토바이처럼 달리게 한 것이 한때 유행이었다. 그걸 보는 순간 저 모터가 바로 내가 고민하던 문제의 해답이라는 생각이 들었다.

자전거 모터 장치를 어디에서 장착할 수 있는지 백방으로 수소문했다. 하지만 요즘처럼 인터넷 검색도 할 수 없었고, 자전거 모터를 장착해주는 업체도 많지 않아 그랬는지 결국 알아내지 못했다. 만일 그때 그 모터를 찾아 설치했다 해도 임시방편에 불과했을 것이다. 나중에 알고 보니 그 모터의 힘으로는 겨우 한 사람만 탈 수 있을 뿐이지, 무거운 짐을 싣거나 경사가 심한 길을 오르거나 사람을 더 태우면 별 도움이 되지 않는 것이었다. 스쿠터나 오토바이에 비하면 힘이 턱없이 부족했던 것이다. 교회를 옮길 때까지 자전거를 타고 다니는 새벽기도회는 계속되었다.

○　　　중력을 이기는 로켓 엔진

그 당시에도 자전거 한 대를 움직일 작은 모터를 장착하는 데는 그다지 많은 시간도 재정도 필요 없었다. 기술도 간단했다. 그러나 로켓을 우주로 보내려면 막대한 출력을 내는 거대한 엔진이 필요하다.

로켓이 우주로 가는 임무를 수행하려면 중력을 뚫고 나가는 강력한 엔진이 있어야 한다. 중력을 돌파하려면 마하 90, 곧 음속의 90배인 시속 12만 킬로미터라는 엄청난 속력을 내야 한다. 그래야 지구의 중력을 이기고 대기권 밖으로 나갈 수 있다. 그러자면 차원이 다른 엔진이 장착돼야 한다. 또 그런 엔진을 구동시킬 특별한 연료가 필요하다.

인생에는 우주선이 강력한 엔진의 힘으로 뚫고 나가야 할 대기권 정도는 아닐지라도, 유리 천정처럼 눈에 보이지 않는 장애물이 있

144

다. 태어나서부터 결정된 신분과 경제적 상황 같은 것이다. 대기권 같은 인생의 장벽은 사는 동안 언제나 있다. 요즘에는 개인의 노력과 의지와 성실성에 상관없이 뛰어넘기 어려운 사회적 장벽이 점점 늘어나고 있다.

현대 청년들은 갈수록 암울해지는 환경 때문에 좌절한다. 200년 전 중세(中世)를 사는 것도 아닌데, 실패할 기회조차 누리지 못한다고 울부짖는다. 한국 상황을 지옥 같다고 하여 지옥(헬)과 조선(대한민국)을 합친 합성어로 헬조선이라고 부른다. 숟가락의 색깔에 의해 인생이 결정된다며, 자신은 흙수저라 성공할 수 없다고 푸념한다. 아무리 노력해도 자기를 둘러싼 굴레를 벗어나지 못하기에, 마침내 자포자기하듯 잘못된 길로 들어서기도 한다. 그러나 인생을 포기할 수는 없지 않은가?

인생이라는 우주여행을 떠나려면 현실의 중력을 이겨야 한다. 그러기 위해 청년들은 인생의 엔진 같은 학력과 경력을 성능 좋은 것으로 구비하려고 한다. 이른바 스펙이 좋기를 바라는 것이다. 할 수 있으면 인맥이라는 부품을 추가해서라도 부족한 스펙을 보강하려 한다.

우리가 스펙이라는 이름의 엔진을 보강해서라도 세상의 중력을 이기려는 이유는 무엇일까? 성공하기 위해? 최소한 먹고 살기 위해? 틀린 이유는 아닐 것이다. 그러나 그것은 현실의 이유일 뿐이다. 하나님을 믿는 우리는 그렇게 초라한 존재가 아니다. 공중에 나는 새도 하나님이 먹이시고 들에 핀 백합화도 입히신다고 하지 않으셨는가! 먼저 하나님의 나라와 그분의 뜻을 구하면 나머지는 염려할 일이 아니다.

> ²⁶공중의 새를 보라 심지도 않고 거두지도 않고 창고에 모아들이지도 아니하되 너희 하늘 아버지께서 기르시나니 너희는 이것들보다 귀하지 아니하냐 … ²⁸또 너희가 어찌 의복을 위하여 염려하느냐 들의 백합화가 어떻게 자라는가 생각하여 보라 수고도 아니하고 길쌈도 아니하느니라 … ³¹그러므로 염려하여 이르기를 무엇을 먹을까 무엇을 마실까 무엇을 입을까 하지 말라 … ³³그런즉 너희는 먼저 그의 나라와 그의 의를 구하라 그리하면 이 모든 것을 너희에게 더하시리라 _마태복음 6:26-33

우리가 세상의 중력을 이겨야 할 이유는 이것이다. 하나님이 우리를 세상을 주관하고 있는 사탄과 전투하는 군사로 부르셨기 때문이다. 교회는 전투를 치를 군사를 태우고 훈련시키는 군함이지 안락하게 휴가를 즐기는 크루즈 유람선이 아니다.

교회는 역사 속에서 오고 오는 세대들마다 그 시대의 숱한 도전과 맞서 싸워왔다. 앞으로도 싸워나가야 한다. 어떤 세력 앞에서도 주눅 들지 않고 진리를 앞세워야 한다. 하지만 오늘의 한국교회는 영적 도전에 맞서 싸울 전투력을 점점 상실해가는 것 같다.

어느 대형 교회가 주최한 이단대책세미나에 그 교회 성도 8백 명이 모였다. 그 정보를 입수한 10명의 이단 교인이 교회에 잠입해 세미나가 한창 진행 중일 때 소란을 피우며 방해했다. 그들이 행패를 부린 지 10분도 안 되어 세미나에 모인 성도들이 모두 떠나버렸다. 자기 교회에서 열리는 세미나였는데, 8백 명 성도가 10명의 이단 교인을 감당하지 못한 것이다. 가짜가 진짜처럼 힘을 내고, 진짜는 가짜처럼 허무하게 당한 것이었다. 만일 8백 명 성도 중에 단 10명이라도 강한 믿음을 가졌다면 이단 10명 아니라 8백 명이 몰려왔어도 쫓아낼 수 있지 않았을까? 8천, 8만, 아니 나라 전체가 와도 이길 수 있을 것이다.

그들은 믿음으로 나라들을 이기기도 하며 의를 행하기도 하며 약속을 받기도 하며 사자들의 입을 막기도 하며 _히브리서 11:33

하나님께서는 우리를 그리스도의 군사로 부르셨다. 이 사명을 잊지 말아야 한다. 이 사실을 잊고 있다면 사실은 아무 힘없는 마귀의 도전에도 맥을 못 춘다. 군복을 입었으나 싸울 힘과 용기는 없는 셈이다. 그러면 군사를 모집한 대장을 따를 수 없고, 기쁘게 할 수도 없다.

병사로 복무하는 자는 자기 생활에 얽매이는 자가 하나도 없나니 이는 병사로 모집한 자를 기쁘게 하려 함이라 _디모데후서 2:4

오늘날 조국의 그리스도인은 교회에서 안정감과 평안을 얻으려

한다. 세상이 투명하지 않고 부정적이어서 교회에서라도 투명하고 긍정적인 메시지를 듣기 원한다. 복잡하고 힘든 세상에서 지쳤기에 교회에서는 위로와 격려를 받으려는 것이다. 그리스도 안에서 참 평안과 안정감을 누릴 수 있다는 말은 틀리지 않다. 주님은 세상이 줄 수 없는 완전한 평강으로 우리들을 초대하신다.

> 수고하고 무거운 짐 진 자들아 다 내게로 오라 내가 너희를 쉬게 하리
> 라 _마태복음 11:28

그러나 안식한 다음 해야 할 일이 있다. 다시 힘을 내 세상에서 그리스도의 군사로서 살아가는 것이다. 그럼에도 현대인은 신앙생활을 개인의 인격 수양이나 정서적 안정, 또는 자기 야망을 이루기 위한 수단이나 친목모임으로만 여기는 경향이 있다. 그래서 교회가 그런 사람들에게 도움을 주는 곳이 되기를 기대하는 것이다. 그러다보니 종종 교회 다닌다는 사람이 기독교 신앙의 본질에서 벗어나기도 한다. 기독교인이 물질과 권력의 유혹을 이기지 못해 악한 기업의 부정에 눈을 감거나 부정한 권력을 인정하고 편승하는 일까지 일어나는 것이다. 현대 기독교인에게는 베드로와 요한에게 없던 은과 금은 있지만(사도행전 3:6) 정작 예수의 이름은 없는 것 같다.

이런 시대적 흐름을 극복하기 위해 캠페인이 필요한 것이 아니다. 예수 군사의 중심을 바꿔야 한다. 그것이 예수 심장이다. 믿음의 길에서 후진하지 않을 예수 심장이 예수 군사 안에 장착돼 작동

하면, 영적 전투를 치러야 할 군사의 피가 끓어올라 용감해지기 때문이다.

○　　　**직진하는 바울 vs 후진하는 데마**

　　　믿음의 길에서 전진하기만 하던 바울이 로마로 끌려가 투옥되었다. 처음에는 집을 세낼 정도로 어느 정도 자유가 보장되었다. 이때가 주후 60-63년경이었다(사도행전 28:30). 하지만 바울이 4차 선교여행이 끝날 무렵, 네로 황제에 의해 두 번째로 투옥 되었을 때는 자유를 박탈당했다. 이때는 66년경이다. 그 상황에서 주목할 사람이 데마다. 데마는 바울의 옥중서신에 종종 등장하는 바울의 동역자였다(골로새서 4:14, 빌레몬서 1:24). 골로새서는 60년경, 빌레몬서는 62년경에 기록되었다. 데마는 바울이 감옥에 있을 때 바울을 지속적으로 도운 복음의 동역자였다. 헌신의 대가는 차가운 감옥이었지만, 데마는 기꺼이 바울과 함께 복음을 섬긴다. 그런데 이 데마가 바울이 두 번째 투옥될 때는 의외의 모습으로 등장한다.

> 데마는 이 세상을 사랑하여 나를 버리고 데살로니가로 갔고 그레스게는 갈라디아로, 디도는 달마디아로 갔고 _디모데후서 4:10

　　데살로니가는 당시 문명이 발달한 세속 도시였다. 소돔처럼 죄악과 쾌락이 만연했으며 세상을 사랑하는 사람들이 흠모하는 곳이었다. 디모데후서는 주후 66년경에 기록된 성경이다. 데마는 바울이 빌레몬서를 쓴 때로부터 4년 뒤, 믿음의 길을 떠나 감옥에 갇힌 바울을 버리고 화려한 도시로 간 것이었다. 그 이유를 바울은 데마가 세상을 사랑했기 때문이라고 진단했다. 이것은 비단 데마에게만 국한되는 일이 아니다. 예수를 믿는다고 성령으로 시작했다가 육체로 마치는 사람이 많기 때문이다(갈라디아서 3:3). 바울은 디모데에게 데마처럼 믿음의 길에서 파선(破船)되는 이들이 있음을 미리 알려준다.

> 믿음과 착한 양심을 가지라 어떤 이들은 이 양심을 버렸고 그 믿음에 관하여는 파선하였느니라 _디모데전서 1:19

뜻밖의 고난을 만날 때 양심과 믿음을 버리는 사람이 있기도 하므로, 충격 받지 않도록 믿음과 착한 양심을 가짐으로써 미리 대비하라고 충고한 말씀이다. 동역자가 믿음을 버리고 공동체를 떠날 때, 남은 이들이 받는 충격은 크기 때문이다. 특히 복음 사역자가 이런 일로 받는 충격은 더 크다. 인간적 배신감은 물론 영적 침체에 빠질 수 있다. 그러나 예수 심장으로 무장한 사람은 사람에게 실망할 일이 생겨도 흔들리지 않고 당당히 믿음의 길을 질주한다. 바울이 그랬다.

○　　　　　**뒤돌아보지 마!**

　　　　데마처럼 믿음의 길에서 이탈하는 사람은 구약에도 종종 등장한다. 소돔이 멸망할 때 하나님께서는 아브라함의 기도를 기억하시고 하늘의 유황불이 떨어지는 가운데서도 롯의 가족을 구해주셨다. 그런데 소돔을 탈출할 때, 안타깝게도 롯의 처(아내)는 뒤를 돌아보아 소금기둥이 되었다. 돌아보지 말라는 하나님의 명령을 어긴 것이다. 롯의 처가 돌아본 건 소돔(세상)에 미련이 남아서였다.

　　천사들이 소돔성에 다가갈 때 롯은 성문 앞에 앉아 있었다. 롯이 소돔성에서 상당한 지위에 올랐음을 보여주는 장면이다. 롯의 가족은 나름대로 소돔에서 성공을 거두어 많은 것을 누리고 있었을 것이다. 그러므로 그동안 성취하고 모은 것을 소돔성에 두고 가기가 쉽지 않았다. 소돔에 쌓아둔 것에 대한 애착이 뒤를 돌아보게 만든 것이다.

　　롯은 아브라함 곁에서 약속의 말씀을 받았고 놀라운 기적도 경험했지만, 그의 아내는 허무하게 무너지고 말았다. 우리는 롯의 처가 얼마나 어리석은 행동을 한 것인지 늘 기억하고(누가복음 17:32) 그렇게 살지 않도록 주의해야 한다.

10

걱정할 것인가, 싸울 것인가?

○ **복음은 비포장도로를 돌파한다**

예수님이 우리를 초청하신 길은 결코 쉬운 길이 아니다. 예수님을 따라가는 길은 좁고 길이 협착하여 찾는 이가 적은 길이기 때문이다(마태복음 7:14). 그러므로 복음을 따라 살아가려는 사람은 환난을 만날 수도 있다. 바울은 목회의 길에 들어선 믿음의 후배에게 복음 사역의 길이 평탄하지 않고 고난의 길이라는 사실을 미리 알리고 있다.

그러므로 너는 내가 우리 주를 증언함과 또는 주를 위하여 갇힌 자 된 나를 부끄러워하지 말고 오직 하나님의 능력을 따라 복음과 함께 고난을 받으라 _디모데후서 1:8

바울은 루스드라에서 나면서부터 걷지 못한 이를 일으켰다. 이 기적을 보러 모여든 사람들에게 복음을 전했다. 그때 바울을 반대한 사람들이 그를 돌로 쳤다. 사람들은 쓰러진 바울이 죽은 줄 알고 그를 성 밖으로 내다 버렸다. 겨우 의식을 차린 바울은 자기의 생명을 노리던 성으로 다시 돌아가 흔들리는 제자들의 마음을 굳게 했다. 하나님의 나라에 들어가는 것은 쉬운 길이 아니라 심각한 환난을 만나는 일이라고 말해주었다. 예수 심장을 품은 사람은 고난을 회피하지 않고 돌파한다고 선포한 것이다.

> 제자들의 마음을 굳게 하여 이 믿음에 머물러 있으라 권하고 또 우리가 하나님의 나라에 들어가려면 많은 환난을 겪어야 할 것이라 하고_사도행전14:22

오늘날에도 바울처럼 주님의 몸이신 교회를 섬기며 하나님께서 주신 은사를 따라 사역을 하는 사람들에게 힘들고 위축될 일이 많다. 이 길을 계속 가야 할지 심각하게 고민할 일이 종종 생긴다. 힘차게 사역을 감당하고 싶지만, 재정 문제나 사람 사이의 갈등 때문에 사역을 지속할지 고민하는 이야기를 들으면 가슴이 먹먹해진다. 급기야 애착을 가지고 힘써온 사역을 내려놓는 모습을 볼 때 너무나 안타깝다.

최근 '라스트'라는 이름의 찬양 사역 팀과 대화를 나눌 일이 있었다. 나는 그들에게서 큰 도전을 받았다. 라스트는 각종 학교와 군대,

교회 집회에서 강하고 뜨겁게 찬양하는 사역을 10년 넘게 섬겨온 남성 그룹이다. 그런데 갈수록 사역할 기회가 줄어들어 생활하기도 어려워졌다고 했다. 찬양 앨범도 많은 시간과 재정을 투자해야 하는데, 요즘엔 앨범을 만들어도 잘 판매되지 않는다. 하나님을 마음껏 찬양하고 열정적으로 주님을 증거하는 사역만 하고 싶은데, 상황이 녹록치 않은 것이다.

그러나 그들은 사역이 줄어드는 것만 탓하지 않았다. 사역이 없는 날에는 공사장에서 막노동을 한다고 했다. 아직은 젊고 건강한 육신이 있으니, 일하면서 사역을 계속할 힘을 비축한다는 것이었다. 이전 같으면 사역으로 분주했을 시간인데, 사역이 없어진 주중에 공사장에서 일하며 버틴다는 이야기를 들을 때, 말할 수 없는 뜨거움이 내 속에서 솟구쳐 올라왔다.

그들이 공사 현장에서 일하는 모습을 사진과 동영상으로 보았다. 비가 쏟아지는 날에도 건축 자재를 실어 나르는 모습을 볼 때 눈시울이 뜨거워졌다. 그렇게 해서라도 찬양 사역을 이어가려는 열정을 보았기 때문이다. 팀의 이름 라스트(Last)처럼 라스트 스퍼트(last spurt), 즉 마지막까지 전력 질주를 다하자고 위로했지만 마음은 먹먹했다.

찬양 사역자들이 노동까지 마다하지 않은 이유가 무엇일까? 나는 그들의 중심에 예수님의 마음, 곧 예수 심장이 있기 때문이라고 보았다. 열악하고 견디기 벅차더라도 계속 사역해나가려면 사람의 의지로는 한계가 있다. 공동체로서 팀워크에도 한계가 있다. 사역을 이어갈 힘은 결국 예수 심장에서 나온다.

행복나눔교회에서는 이런 기독 문화 사역자나 청소년 사역자들을 후원하고 있다. 찬양 사역자들의 기도제목과 사역 현황을 교인에게 나누고, 매월 소정의 사역 지원금을 보내드린다. 교회에서 해외 선교사를 후원하는 것처럼, 파송하고 지원하는 선교사로 생각하고 협력하는 것이다. 이런 운동이 한국교회에 더 많이 일어나면 좋겠다. 특별한 은사로 다음세대를 섬기는 분들이 마음껏 사역에만 집중할 수 있는 시대가 되기를 간절히 소원한다.

○ **예수님의 섭섭증 극복하기**

현대에는 라스트 같은 사역자들이 고난을 감내하고 있지만, 사실 예수님만큼 복음 사역에 고난을 겪은 분이 있을까? 데마가 떠남으로써 바울이 서운함을 느꼈겠지만, 예수님은 수많은 상황에서 수시로 서운함을 느껴야 했다.

10명의 나병환자를 치유해주셨을 때 그 중 1명만 예수님께 돌아와 감사를 표현했다. 그는 정통 유대인이 아닌 사마리아인이었다(누가복음 17:14). 오병이어의 기적 이후 많은 사람들이 예수님을 왕으로 삼으려 했다. 예수님이 왕이 되면 그들의 경제적 문제가 해결될 수 있음을 눈으로 보고 입으로 확인했기 때문이었다. 하지만 예수님은 그들에게 자신의 살과 피를 먹으라고 말씀하셨고, 이를 이해하지 못한 군중은 예수님을 떠났다. 다시는 예수님과 함께 다니지도 않았다(요한복음 6:66). 필요를 채워줄 때는 밀물처럼 밀려와 열광하지만, 져야 할 십자가에 대해 말씀할 때는 썰물처럼 예수님을 떠났다. 이를 바라보신 예수님은 제자들에게 "너희들도 가려느냐"(요한복음 6:67)고 서운함을 표시하셨다.

십자가를 지시기 전날 밤, 예수님은 제자들이 노골적으로 자리 다툼하는 것을 안타깝게 바라보셨다. 철없는 제자들은 누가 더 많은 공을 세웠고, 어떤 이가 더 큰 자리를 차지하느냐 하는 문제로 치열하게 다투었다. 하지만 예수님은 그런 제자들의 발을 씻겨주시면서 섬김의 본을 보이셨다. 3년간 제자들을 섬기셨고 마지막에는 그들의 발까지 씻어주셨건만, 제자들에게 다툼이 사라지지 않는 것을 보시며 얼마나 서운하셨을까?

겟세마네의 기도 후 예수님이 체포되자 제자들은 흩어져 버렸다. 조금 전까지만 하더라도 예수님과 함께 죽기를 다짐하던 제자들은 맹세도 헛되이 떠나버렸다. 돈 주머니를 맡길 정도로 예수님의 신뢰를 한 몸에 받았던 유다는 거짓으로 사랑을 표현했을 뿐 아니라, 겨우 노예 1명 몸값에 예수님을 폭도들에게 넘겨버렸다.

예수님은 불법적인 재판을 받으며 살인적인 고문을 받았고 철저히 고립되셨다. 예수님이 특별히 신임한 베드로는 어린 여종에게까지 모른다고 맹세하며 예수님을 세 번이나 부인했다. 그때 베드로를 물끄러미 쳐다보신 예수님의 마음은 서운함을 넘어 참혹했을 것이다. 결정적으로, 십자가에서 못 박혀 돌아가실 때는 요한을 제외한 제자들은 멀찍이 물러나 있었다. 이런 상황에도 예수님은 엉터리 같은 제자들을 책망하지 않으셨다. 가치 없는 이들을 위해 십자가를 질 수 없다며 그만두지 않으셨다. 예수님은 묵묵히 참으시고, 가야 할 길을 가셨다. 이런 예수님의 심장이 바울에게도 장착되었다. 바울 역시 어떤 고난에도 사역을 중단하지 않았고 감옥에 갇힌 상황에서도 놀라운 메시지를 선포했다.

> 내게 능력 주시는 자 안에서 내가 모든 것을 할 수 있느니라
> _빌립보서 4:13

많은 그리스도인이 이 말씀을 어떤 불가능한 일도 해낼 수 있다는 긍정의 힘을 말할 때 인용한다. 하지만 이 말씀은 절대긍정을 뜻하는 것이 아니다. 생각하지 못한 문제를 만난다 해도 복음으로 살기를 지속하는 것이다. 감옥에 투옥되고, 심지어 목숨을 잃는 상황이 되어도 그 길을 달려간다는 뜻이다.

○ **호주를 상징하는 동물**

호주를 상징하는 문양에는 두 마리 동물이 그려져 있다. 캥거루와 에뮤다. 호주가 캥거루와 에뮤를 국가 상징으로 삼은 이유가 있다. 이 동물들은 어떤 위험에도 물러서지 않고 전진하기 때문이다. 호주가 지향하는 국가 정체성을 잘 보여주는 상징이다.

호주는 역사가 오랜 나라가 아니다. 동맹을 맺은 국가들도 멀리

떨어져 있다. 지정학적 이유 때문에도 호주는 스스로 안보를 책임져야 한다고 생각한다. 그래서 어떤 도전도 피하지 않고 당당하게 맞서는 것을 기조(基調)로 삼은 것이다. 호주는 20세기에 발발한 세계의 모든 전쟁에 주도적으로 참여했으며 한국전쟁에도 참전했다.

호주가 가깝지도 않은 먼 나라들의 전쟁에 여러 차례 자발적으로 참여한 것은 직접 전투를 경험하기 위함이었다. 실제 전쟁터에서 전쟁을 치러봐야 전투력이 향상된다고 생각했기 때문이다. 호주 군대에서는 야전 경험이 있는 지휘관이 진급에 가산점을 받는다.

전투를 두려워하면 군사일 수 없다. 군사는 전투를 두려워하지 않고 당당하게 도전하는 사람이다. 뒤로 물러서는 법이 없다. 앞으로 나아가야 한다. 그리스도의 군사인 우리를 전진하게 하는 힘은 믿음이다. 믿음은 중립기어가 아니다. 자동차의 기어를 중립에 두고 아무리 액셀러레이터를 밟아보라. 엔진 회전수(RPM)만 높아질 뿐 조금도 앞으로 나아가지 못한다.

예수 심장이 엔진처럼 장착되었더라도 믿음이 약하면 그 인생은 기어를 중립에 둔 상태일 뿐이다. 아침에 일찍 일어나고 밤늦도록 수고의 떡을 먹을지라도(시편 127:2) 변화되지 않는다. 그런 이들은 주의 이름으로 선지자 노릇하고 귀신을 내쫓는다 하더라도 주님은 그들이 한 일을 인정하지 않으신다(마태복음 7:22). 나름대로 최선을 다해 교회 일을 할지라도 마지막 날에는 "내가 너희들을 도무지 알지 못한다"(마태복음 7:23)는 말씀을 들을 뿐이다. 한 번 주어진 인생이 무의미로 결론난다면 얼마나 불행한가?

○　　　**인생이 후진할 때**

인생의 기어는 전진(D)에 물려 있어야 한다. 자동차 기어가 후진(R)에 있으면 액셀러레이터를 밟을수록 점점 더 뒤로 가듯이, 하나님께서 함께 하시지 않는 일, 하나님이 지시하신 방향과 다른 일들은 수고하고 애쓸수록 해로운 것이 된다.

바울이 사울이라는 히브리 이름으로 소개되며 예수 심장이 없었을 때, 그가 수고한 모든 것은 결국 자기에게 해로운 것이었다. 어리석었던 바울에게 예수님께서 이렇게 말씀하셨다.

… 사울아 사울아 네가 어찌하여 나를 박해하느냐 가시채를 뒷발질하기가 네게 고생이니라 _사도행전 26:14

당시 농부들은 소에게 멍에를 씌우고 밭을 가는 농기구 앞의 막대기에 날카로운 송곳을 부착했다. 멍에를 멘 것도 불편한 소가 주인이 시키는 일을 하기 싫으면 뒷발로 막대기를 걷어찬다. 그러면 발이 막대기의 날카로운 송곳에 찔리게 된다. 몇 번은 뒷발질을 반복하지만 통증을 느껴 결국 고분고분해진다.

예수 심장의 사람은 주인의 지시에 순종하는 소처럼 묵묵히 순종한다. 꾸준하고 강력하게 전진한다. 현재의 능력이 비록 부족해도 물러서지 않고 돌파하는 순종의 믿음이 있기 때문이다.

우리는 뒤로 물러가 멸망할 자가 아니요 오직 영혼을 구원함에 이르

그럼에도 불구하고 현실을 살다보면, 기독교인도 영적 침체 또는 심리적 슬럼프에 빠질 수 있다. 믿음으로 순종하며 살아왔음에도 불구하고 이해할 수 없고 감당할 수 없는 문제를 만나게 된다. 누구 못지않게 헌신하고 섬겼음에도 시련과 고난의 문제는 사라지지 않는다. 신앙생활을 잘하려 애쓸수록 오히려 심각해지는 경우도 있다. 후진하는 것이다. 그럴 때 낙심하는 것이 영적 침체(슬럼프)다. 슬럼프에 빠지는 원인은 무엇인가? 그럴 때 어찌해야 하는가? 상황이 원하는 대로 풀리지 않고, 노력하고 애쓴 만큼 성과를 거두지 못할 때는 누구라도 우울해지기 마련이다.

전문가들은 슬럼프에 빠지는 이유로 흔히 환경과 상황을 지목한다. 그러나 슬럼프의 진정한 이유는 환경과 상황이 아니다. 문제가 심각하고 어려워서도 아니다. 나를 지탱하는 심장이 약한 것이다. 크든 작든 문제를 감당할 만큼 심장이 강하지 못하기 때문이다. 따라서 환경만 바꾸는 것으로 슬럼프를 해결할 수 없다. 심장이 강해져야 한다.

○ **군사(warrior)인가, 겁쟁이(worrior)인가?**

심장이 약한 사람은 작은 반대나 문제에 부딪혀도 최악의 상황을 미리 상상한다. 자신은 해결할 수 없는 문제라고 확신하며 두려움에 사로잡힌다. 그러나 예수 심장이 있는 사람은 설령 혹독한 절망의 구렁텅이에 던져진다 해도 흔들리지 않는다. 그곳에도 하나님이 계심을 믿기 때문이다. 예수 심장의 사람은 인생의 밑바닥에서도 하나님께서 통치하심을 믿는다. 그런 사람은 불확실한 내일도 하나님의 손 안에 있음을 믿는다. 반대로 예수 심장이 없는 사람은, 오늘은 문제가 없고 안락하며 여유가 있다 해도 내일은 어찌될지 모르기에 불안해한다. 그런 사람은 미래의 불안에 대비하기 위해 완벽한 매뉴얼을 만들어두었다 해도 두려워한다.

예수 심장을 품은 기독교인은 오늘보다 내일이 더 어두워질 게 확실해 보여도 흔들리지 않는다. 예측할 수 없는 내일도 하나님의 통치 아래 있음을 믿기 때문이다. 그래서 하나님만 바라보며 살아가는 것이다. 기독교인이 되면 무작정 낙관주의자가 되는 것이어서 두려움을 못 느끼는 것이 아니다. 사망의 음침한 골짜기에서도 주님이 함께 하심을 믿기 때문이다. 그 믿음의 칼로 두려움을 잘라버리고 담대해지는 것이다.

예수님을 배반한 베드로만큼 심각한 영적 침체에 빠져본 제자가 또 있을까? 베드로는 자기가 예수님을 부인할 것이라는 예수님의 말을 수긍할 수 없었다. 목숨을 걸고서라도 예수님을 지키겠다고 다짐했다. 도마는 예수님을 위해 죽으러 가자고 외칠 만큼 의지가 강했다. 하지만 그들의 당돌하고 확고한 자신감이 무너지는 데는 많은 시간이 걸리지 않았다.

베드로는 군인이나 종교지도자들의 서슬 퍼런 추궁 때문에 예수님을 부인한 게 아니었다. 별 힘도 없는 하인과 여종 앞에서 부인한 것이다. 도마는 부활하신 예수님을 만난 목격자들의 증언을 듣고도 믿지 못했다. 그들이 제자훈련을 덜 받아 그런 것이 아니었다. 예수님으로부터 3년간 직접 배우고 수많은 기적도 경험했다. 베드로는 변화산에서 모세와 엘리야를 만나는 이적도 체험했다. 그럼에도 그가 실패한 것은 예수 심장으로 변화되지 않았기 때문이다.

그들이 예수 심장의 사람이 되려면 영으로 다시 오신 예수의 영, 즉 성령이 임해야 했다. 예수님이 제자들을 떠난다고 하실 때 두려워한 제자들에게 놀라운 약속을 주셨다.

> 내가 진실로 진실로 너희에게 이르노니 나를 믿는 자는 내가 하는 일을 그도 할 것이요 또한 그보다 큰 일도 하리니 이는 내가 아버지께로 감이라 _요한복음 14:12

예수님이 함께 계실 때도 제자들은 휘청거리고 예수님을 종종 실망시켰다. 그런 제자들과 3년의 사역이 이어진 것은 전적으로 예수님의 지도력 덕분이었다. 그러니 제자들은 예수님이 떠나시면 어떻게 할지 몰라 두려웠던 것이다. 그렇게 염려 많은 제자들이 예수님이 떠나도 예수님이 하시던 일을 계속 할 것이고, 심지어 더 큰 일도 하리라고 약속하신 것이다.

예수님의 약속은 오순절에 응답되었다(사도행전 2장). 불과 50일 전에는 비겁하게 숨고 부인하던 이들이, 예수님을 십자가에 못 받도록 선고한 종교지도자들 앞에서도 당당히 복음을 선포했다. 예수님은 평생 이스라엘을 벗어난 적이 없었지만 베드로는 당시 세계의 중심인 로마에 진출해 복음을 증거했고, 의심의 아이콘인 도마는 인도에 가서 복음을 증거하고 순교했다고 전해진다. 이것이 가능해진 이유는 단 하나다. 오순절에 성령이 임한 후 그들 안에 예수 심장이 심겨졌기 때문이었다.

○ **성령을 통해 받는 것**

베드로와 제자들은 항상 걱정하는 겁쟁이였다. 먹을 빵이 없다고 걱정했다. 성전세를 내지 못해 전전긍긍했다. 수고와 헌신에 합당한 열매를 얻지 못할까 염려했다. 다른 제자들보다 높은 자리에 오르지 못할까봐 근심했다. 그 염려를 해결하기 위해 '엄마'를 동원한 철부지도 있었다. 이토록 찌질한 겁쟁이(worrier)에 불과했던 이들이 성령을 받음으로 예수 심장이 들어가자 세상을 두려워하지 않는 군사(warrior)로 변한 것이다. 특히 베드로는 예수님을 형장으로 몰아넣은 산헤드린 공회 앞이나 어떤 곳에서도 전혀 두려워하지 않고 군사처럼 메시지를 선포했다.

> 그런즉 이스라엘 온 집은 확실히 알지니 너희가 십자가에 못 박은 이 예수를 하나님이 주와 그리스도가 되게 하셨느니라 하니라
>
> _사도행전 2:36

베드로와 요한이 대답하여 이르되 하나님 앞에서 너희의 말을 듣는 것이 하나님의 말씀을 듣는 것보다 옳은가 판단하라 _사도행전 4:19

베드로가 특별한 세미나에 참석했거나 영적 수련회나 권능학교 같은 곳을 수료했기 때문이 아니다. 성령을 받았을 뿐이다.

현대 교회는 배우는 것을 참 좋아한다. 다양한 영적 '기능'을 배우는 학교들이 차고 넘친다. 물론 이런 학교를 통해 신앙이 성숙하고 향상되는 것은 사실이다. 하지만 무엇을 배우고 과정을 수료하는 것 자체로 만족하는 것은 문제라고 생각한다. 지식만 자라면 영적 동맥경화에 걸릴 수 있다. 자기가 배운 것을 알지 못하는 이들을 판단하고 정죄하며, 배운 이론이 서로 다르면 치열하게 다투고 갈등한다.

원래 겁쟁이였던 제자들과 수많은 믿음의 영웅들이 주 안에서 하나되고 군사로 변화된 계기는 단 하나다. 성령 받고 성령 충만해짐으로 예수 심장이 들어온 것이었다.

삶의 작은 일에도 어쩔 줄 모르는 겁쟁이로 살 것인가? 아니면 어떤 두려운 일도 망설임 없이 부딪히며 승리하는 군사로 살 것인가? 그것을 결정하는 열쇠는 의지와 노력이 아니다. 성령을 통해 예수 심장을 받는 것이다. 그래야 모든 것을 넉넉히 이길 수 있고 강력한 군사로서 살아갈 수 있다.

11

배트맨은
견뎌야 한다

○　　　**배트맨과 엘리야의 고뇌**

　　영화 〈다크나이트〉에서 배트맨은 고뇌에 빠지는 모습을 보인다. 악의 세력을 강력한 힘으로 제압하면서 어느 정도 효과가 나타났지만 부작용도 발생했다. 배트맨의 활약이 어떤 범죄자보다 강력한 조커를 탄생시킨 것이다.

　　조커는 배트맨이 정체를 밝히지 않으면 매일 시민을 죽일 거라고 배트맨을 압박한다. 베트맨이 고뇌에 빠진 것은 그 때문이었다. 그는 어떻게 하면 좋을지 집사 알프레드에게 자문을 구한다. 알프레드는 이 한 마디 말로 위로한다.

　　"Endure(견디십시오)!"

　　악당이 제 아무리 간교한 말로 유혹하고 협박해도 현혹되어선 안

되며, 그런 고통을 감당하고서라도 묵묵히 견디는 것이 배트맨이 걸어가야 할 고독한 숙명의 길이라고 말한 것이다.

오랫동안 하나님을 섬겨도 성취감이 없을 때 사람들은 다 내려놓고 싶은 마음이 든다. 어떤 사역자라도 포기하고 싶을 때가 있다. 납득되지 않는 일을 견뎌야 할 때도 있다.

엘리야는 바알과 아세라의 선지자 850명과 싸움을 벌여 하늘에서 불을 내리는 역사를 이루었다. 구약을 대표하는 위대한 선지자답게 수많은 기적을 행했다. 그럼에도 아합왕과 이세벨이 회개하지 않고 오히려 엘리야의 목숨을 노렸다. 그러자 엘리야는 스스로 사명을 포기하고 하나님께 이 세상에서 데려가 주시기를 구할 정도로 낙심했다(열왕기상 19:4).

예수님께서 여자가 낳은 자 중에 가장 큰 자라고 추켜세웠던 세례 요한도 감옥에 갇혔을 때는 극도의 불안감에 휩싸였다. 사람들 앞에서 예수님을 하나님의 아들이라고 소개했지만, 예수님이 진짜 그리스도이신지 의심하기도 했다(마태복음 11:3).

엘리야는 하나님의 영광을 경험하면서 영적 침체에서 벗어날 수 있었다. 감옥에서 갈등하는 세례 요한에게 예수님이 답을 주시자, 그는 순교당할 때까지 묵묵히 사역을 감당한다. 예수 심장이 고난 중에도 하나님의 영광을 보게 하고 견디는 힘을 주었기 때문이다.

○   **포기하고 싶은 마음이 굴뚝 같아도**

나는 2005년에 처음 책을 펴냈다.《불꽃시대를 열어가는 불꽃세대》(SFC출판부)라는 책이다. 나는 당시 청소년이 듣는 메시지 대부분이 한쪽 방향, 즉 성공주의에 치우쳤다고 보았는데, 기울어진 청소년의 믿음에 균형을 잡아주고 싶어 쓴 책이다.

지금도 그런 경향이 간혹 있지만, 당시 청소년과 청년 수련회에서 전하는 메시지의 내용은 주로 불가능한 일을 믿음으로 극복하라는 것이 대부분이었다. 믿음을 동원해 자기계발을 하라는 자아 긍정의 메시지였던 셈이다. 그런 메시지를 전하는 강사 자신이 처음엔 공부도 전혀 못하고 신앙생활도 엉망이었다는 간증을 흥미와 유머 가득한 에피소드로 나열한 다음, 결국 은혜 받아 자기 분야에서 성공했다는 식이었다.

물론 하나님의 능력은 제한이 없다. 어떤 한계도 돌파하기에 놀라운 변화가 일어날 수 있음을 나도 부정하지 않는다. 그러나 진정한 믿음의 능력이란 성공을 위한 것이 아니다. 학교에서 밑바닥을 헤매던 학생이 1등 되는 것만 좋은 믿음의 증거가 아니다. 최선을 다해 신앙생활을 했음에도 불구하고 상황이 변화되지 않을지라도, 다시 예배하고 섬김의 자리로 나가게 하는 것이 진정한 믿음의 힘이다. 자기 안에 무수히 돋아나는 의심을 믿음으로 설득하며 살아가는 것이다. 때로는 두려움과 염려의 정글 같은 마음 밭을 날선 말씀의 검으로 헤쳐 나가는 것이다. 포기하고 싶은 마음이 굴뚝같을 때라도, 다시 한 번 더 시도해볼 능력은 예수 심장에서 나온다.

취업전쟁은 현대 젊은이들이 당면한 과제 중에 가장 힘 겹고 어려운 고비일 것이다. 선망의 대상인 대기업에 입사하는 것은 꿈같은 일이다. 바늘구멍 같은 취업전쟁에서 실패한 청년들은 합격한 이들을 부러워한다. 그런 과정을 통과한 이들은 엄청난 전리품을 획득한 개선장군처럼 승리의 기쁨을 누릴 수 있다. 오랜 세월 힘들게 자녀를 뒷바라지한 부모에게 자녀의 취업 소식은 엄청난 자부심이 된다.

그런데 자랑스레 대기업에 취업했던 젊은이가 오래 가지 않아 퇴사하는 경우가 종종 생기고 있다. 대기업에서 퇴사한 것을 축하한다면서 퇴사한 이들이 모여 파티를 여는 모임도 있다. 그 모임의 슬로건은 이것이다. "나는 노예가 아닙니다."

대기업에 들어갔던 청년들이 사표를 내는 이유의 거의 절반인 49퍼센트가 대기업의 조직문화와 직무 적응에 실패했기 때문이라고 한다. 대기업은 출근시간이 정확해야 하는 대신 칼퇴근이 허용되지 않는 것을 요즘 신입사원들은 견디지 못한다. 회사 내 말단 사원으로서 비효율적이고 시간 낭비처럼 보이는 보고서 작성에 지치고, 즐겁지 않은 회식문화를 견디지 못하고, 보이지 않는 규율과 건조한 업무 문화를 감당하지 못하기 때문이다.

전문가들은 학교와 사교육이 회사에 들어가는 법은 가르쳐주지만 회사에서 살아남는 법은 가르쳐주지 못했기 때문이라고 분석한다. 회사에서 신입사원을 선발하고 관리하는 이들은, 최근 입사하는 신입사원들의 스펙은 상상을 초월하지만 조직 내에서 업무를 연결하고 풀어가는 능력은 떨어진다고 지적한다. 실력은 출중해도 인내하는 능력은 이전에 비해 현저히 떨어진다는 것이다. 사원 100명을 뽑으면 10명 정도가 쓸 만한데, 회사에서 그런 사람을 가려내려면 3년은 지나야 한다고 한다. 3년 정도는 다녀야 회사에서 밥값 좀 할 인재가 된다는 뜻이다. 그 전에 스스로 그만 두니 안타깝다고 말한다. 문제는 이런 현상이 교회에서도 일어나고 있으니 더욱 안타깝다. 교회가 기대하는 만큼 변화되지 못하거나, 봉사한 것에 비해 충분한 보상심리가 채워지지 않으면 견디지 못하는 것이다.

○   **순종하는 능력**

　　　　　어느 교회에 넉넉하지 않은 상황에서도 단기선교를 다녀온 청년들이 있었다. 청년들은 각자 여의치 않은 환경에서도 최대한 헌신하여 선교 사역을 섬겼다. 참가한 청년 대부분은 안정된 직장이 없었으며, 제대로 이성교제를 못하고 있었다. 저마다 어려운 문제도 있었다. 그럼에도 불구하고 그들이 단기선교에 참가한 것은 기대하는 바가 있었기 때문이었다.

　'이렇게 어려운 상황에서 단기선교를 섬기고 돌아가면 뭔가 상황이 달라지겠지.'

　'이토록 많은 것을 포기하고 주를 섬기면 은혜를 베풀어주시겠지.'

그런 기대감으로 열악한 선교지에 간 청년들은 궂은일도 마다하지 않았다. 선교지에서 풍성한 은혜를 누렸고, 정한 기간을 채우고 귀국했다. 문제는 그 이후였다. 기대와 달리 상황은 달라진 게 별로 없었다. 더 어려워진 경우도 있었다. 단기선교에 다녀온 청년들은 심각한 영적 탈진에 빠지고 말았다.

예수님 당시에도 이런 오해가 있었다. 제자들은 예수님의 권세가 당시 세계를 지배하던 절대 권력인 로마까지 무너뜨릴 것이라고 기대했다. 그리고 새롭게 세워질 왕국에서 제자들은 권력의 핵심이 되리라 믿었다. 예수님이 기존 질서를 무너뜨릴 것이라고 생각한 것이다.

하지만 예수님의 능력은 그런 것이 아니었다. 제자들의 간절한 바람과 달리 예수님은 무기력하게 십자가에 달리셨다. 예수님의 좌우 십자가에 달린 강도를 위시한 주변 사람들이 허망해 보이는 예수님의 고난과 죽음을 조롱했다. 십자가에서 내려와 메시야의 능력을 보이라고 놀려댔지만, 예수님은 반응하지 않으시고 너무도 무기력하게 형장의 이슬이 되셨다. 아들을 십자가에 달리게 하심으로써 인류를 구하시려는 하나님의 뜻에 순종하신 것이다.

예수님께 세상 권세에 맞설 힘이 없어서가 아니었다. 예수님은 열두 영이 되는 하늘의 천군천사를 말씀 한 마디로 호령하시는 왕 중의 왕이시다. 하늘 군대의 위력은 한 해 국방예산이 천조 원이어서 '천조국'으로 불리는 미국의 무력보다 강하며, 전세계 군사력을 합친다 해도 상대가 되지 않는다. 예수님은 그런 천군천사의 통수

권을 가지고 계신 분이다. 그렇지만 예수님은 당시 세계 최강 로마 아주리 군단의 군사력을 등에 업은 빌라도 앞에서 천군천사를 동원하지 않으시고, 십자가에서 하나님의 어린 양으로서 제물이 되셨다. 십자가에 달리시기 전날까지 십자가를 피하고 싶으셨지만, 결국 십자가를 지셨다. 그것이 예수님의 진정한 능력이었다.

예수님에게도 십자가는 지기 쉬운 것이 아니었다. 겟세마네 동산에서 피를 땀처럼 흘리며 십자가를 지지 않아도 되는 길을 구하셨다. 그 간구는 응답되지 않았지만, 십자가마저 묵묵히 지고 가게 하는 예수님의 심장을 작동시켰다. 그 순종의 능력이 예수님으로 하여금 십자가의 길을 묵묵히 걸어가게 하셨다.

그리스도인 중에는 자기 힘으로 해결할 수 없는 문제가 발생할 때 하나님께 어떤 간구나 다짐의 뜻으로 기도하겠다는 서원으로서 일정 기간 금식기도나 철야기도를 작정하고, 솔로몬의 일천번제를 본받아 1000일 동안 새벽기도를 하는 사람도 있다. 목표를 달성하고 나면 적어도 원하는 만큼의 결과가 있기를 기대한다. 그래서 만일 자기가 기대한 것보다 잘 되면 하나님의 능력으로 응답받았다고 간증한다. 하지만 기대에 미치지 못하면 실망하고 낙심한다. 하지만 기억할 것은, 불가능을 깨뜨리며 장애물을 넘어가는 것만 예수 심장 능력의 전부가 아니라는 사실이다. 예수 심장은 감당하기 어려운 일조차 믿음으로 견디는 능력을 준다.

믿음은 주님 뜻을 따르는 것

    예수 심장이 내 안에 들어온다고 반드시 좋은 일만 생기는 것이 아니다. 집회에서 은혜받고 돌아와 주변 환경이 달라질 것을 기대하지만 더 안 좋아질 수도 있다. 복음과 교회를 위해 많이 수고하고 재정을 감당했는데 도리어 힘든 일이 생길 수 있다. 예수 심장은 그런 일까지 넉넉히 견디게 한다.

    어떤 좋은 결과를 기대하고 가진 역량을 투입하는 걸 투자라고 한다면, 결과에 관계없이 섬기는 것은 헌신이다. 예수님이 우리에게 투자하신 게 아니라 헌신하셨듯이, 예수 심장의 사람들은 헌신의 삶을 살아가야 하는 것이다. 그러므로 누구라도 불평하고 원망하고 짜증도 낼 수 있는 상황에서, 도리어 믿음으로 반응하는 것이 예수 심장을 가진 사람이다. 이런 모습은 더 강력한 영향력을 끼친다. 그리스도인은 신분과 목적과 태도가 완전히 다른 사람이다.

    《세상을 흔들어라》(넥서스크로스)의 저자 전병철 목사는 이렇게 선포한다.

    "신앙이 좋다는 사람이 자신이 있는 곳으로 하나님을 오게 할 수 있다고 착각한다. 믿음은 주님을 내가 바라는 곳으로 오시게 하는 것이 아니다. 내가 주님이 계신 곳으로 가는 것이다. 우리는 스스로 그리스도의 종이라고 부른다. 종이 해야 할 일은 주인의 손길대로 빚어지고 주인의 손에 붙어 있는 것이다. 어디에 쓰임 받을지 스스로 결정하는 종은 없다."

    우리는 하나님의 청지기다. 청지기는 원하는 것을 이루기 위해

주인에게 지시하고 명령하지 못한다. 청지기는 절대적으로 주인이 원하는 뜻에 자기를 맞추어야 한다. 그런데 우리는 언제부턴가 어떤 불가항력적인 일을 이루기 위해 하나님의 능력을 동원해내는 것을 경건의 능력이라고 생각하게 되었다. 밑바닥에서 상류층으로 올라가는 능력을 경험해야 특별한 은혜를 입은 것으로 자부하고, 그런 간증을 부러워한다.

"내 뜻이 주의 뜻 되게 하소서"라며 하나님을 설득하여, 결국 내가 원하는 목표를 달성하려는 것은 우상숭배나 다름없다. 우상을 섬기는 사람들은 고행을 하거나 대가를 지불하면 우상이 무조건 응답할 것이라 생각한다. 구하는 사람의 인격과 성품과 의도와 상관없이, 우상에게 많은 것을 지불할수록 더 좋은 것을 얻는다는 착각에 사로잡혀 있는 것이다. 그러나 하나님은 인격적이시다. 우리의 중심을 정확하게 아신다.

예수 심장을 가진 사람은 날마다 나에게 보내시는 예수님의 주파수에 나를 맞춘다. 내 뜻을 달성하는 것이 목표가 아니다. 나를 통해 하나님의 나라가 세워지는 것을 삶의 전부로 삼는다.

○   **그리스도의 심장을 가진 선교사**

딕 힐리스는 1933년부터 1948년까지 중국에서 헌신한 선교사다. 그는 선교사와 선교지에 대해 이렇게 정의했다.

"그리스도를 모신 가슴마다 선교사이고 그리스도가 없는 가슴마다 선교지이다."

예수 심장을 품은 이는 결국 선교의 사명을 품는다. 그의 선교지는 멀리 떨어진 외국만이 아니다. 지금 발을 딛고 선 자리부터 선교지가 된다. 선교사는 선교지에서 요구되는 기술과 지식을 잘 구비해야 하지만, 결정적으로 예수 심장을 품어야 한다. 얼마나 외지고 힘들고 위험한 곳인지가 선교지를 결정하는 요소가 아니다. 예수 심장이 필요한 곳이 선교지이다. 예수 심장이 필요한 곳은 평안하고 안정된 곳이 아니다. 어둡고 죽음의 권세가 통치하는 곳이다.

예수님은 제자들을 파송하시면서 세상이 제자들을 미워할 것이라고 경고하셨다. 제자들을 세상에 보내는 것이 양들을 이리 가운데 보내는 것 같다고 하셨다. 어둠이 빛을 싫어하듯, 세상이 예수 심장을 품은 사람을 환영하지 않기 때문이다. 환영은커녕 핍박받는 곳이라 해도 가게 하는 것이 예수 심장의 능력이다. 그런 사망의 그늘로 가려는 사역자는 그곳에서 가장 필요하고 유일한 가치가 예수 심장임을 믿어야 한다.

○ **섬길만한 교회를 찾습니다**

신학대학원을 다니면서도 사역은 하지 않는다는 분과 식사를 한 적이 있다. 이유를 물으니 아직 섬길만한 교회를 찾지 못했다는 것이다. 교회를 소개받아 알아보면, 교회마다 가고 싶지 않은 문제가 있다는 것이었다. 이 교회는 이런 문제 때문에 가기 망설

여지고, 저 교회는 저런 문제가 있어 내키지 않았다는 것이다. 그와 식사를 마치고 돌아오는 길에 무척 씁쓸한 느낌이 들었다.

"섬길만한 교회란 도대체 어떤 교회인가?"

그가 기대하는 교회는 어느 정도 규모가 되고, 사역하기에 수월한 교회일 것이다. 학생들이 사역자 권위에 순종하고 예의가 바른 교회일 것이다. 담임목사가 인격적이고 목회 프로그램이 유기적으로 진행돼 배울 게 많은 교회일 것이다. 그런 교회에서 인격적으로 대우받고, 특별한 갈등 없이 보람있게 사역하고 싶은 마음이 있을 것이다. 그러나 어느 교회나 그만의 문제가 있다.

어느 목회자가 규모가 작은 교회에 지원하지 않는 이유를 이렇게 설명했다. 다 그렇지는 않겠지만, 처음에 사역한 교회의 크기가 다음 사역지로 옮길 교회를 대략 결정하기 때문이라는 것이다. 다르게 말하면, 부교역자로서 처음 사역을 시작할 때 개척교회나 규모가 작은 교회를 선택하면, 다음 임지도 비슷한 수준에서 결정되는 경향이 있다는 뜻이다. 그 말을 듣고 마음이 아팠다.

성도들이 멀리 이사를 가면 다닐 교회를 정해야 한다. 1990년대까지만 하더라도 그럴 때는 자신이 섬길 교회를 선택의 기준으로 삼았던 것 같다. 그래서 개척교회나 작은 교회를 선호하는 편이었다. 교회를 세워 나가는 과정에 조금이라도 일조하기 원해서였다.

그러나 21세기 들어 이른바 웰빙 바람이 불면서 신앙생활과 교회 선택 성향에도 변화가 일어나기 시작했다. 편의시설과 프로그램을 체계적으로 갖춘 교회를 선택의 우선순위에 둔다. 내가 섬기기보다 내게 유익이 되는 교회를 찾는 것이다. 작은 교회에서는 봉사에 대한 부담이 크지만 대형교회에서는 그런 부담 없이 신앙생활을 할 수 있다는 생각에서다. 쉽게 말해 편하고 풍성한(?) 신앙생활을 누리고 싶은 것이다.

경제적, 사회적 여건이 비슷한 수준의 사람들과 교제하고 싶은 것도 한 이유다. 경제적으로 자립하지 못한 교회에서는 개인의 여가를 즐기는 것도 일부 교인에게 시험이 될 수 있지만, 비교적 여유 있는 사람이 많은 교회에서는 '수준'이 비슷한 교우들과 편안하게 취미생활을 누리려는 것이다.

이처럼 출석교회를 정하는 기준이 자기를 필요로 하는 교회가 아니라, 자기에게 필요한 교회로 변하고 있다. 마치 마트에서 필요한 제품을 쇼핑하듯 교회를 자기 기준에 맞춰 정하려는 것이다. 자녀 교육에 대한 관심이 증폭되면서 교육 시스템을 잘 갖춘 교회도 선택 기준에 추가됐다. 그런 교회에서 자녀가 다양한 훈련을 받으면 영성이 자랄 것으로 생각하는 탓이다. 결과적으로 교회에도 빈익빈 부익부 현상이 생기게 됐다. 그러나 이것은 세상 사람들이 자기 유익을 구하는 방식과 전혀 다를 바가 없지 않은가?

○　　　**존경받는 선수가 되고 싶다면**
　　　케빈 듀란트(Kevin Durant)는 신장 206센티미터에 실력이 탁월한 농구선수다. 2007년 드래프트 2순위로 시애틀 슈퍼소

닉스에 입단한 그는 그해 신인왕을 거머쥐며 스타 탄생을 알렸다. 2009년과 2010년 시즌에는 NBA 최연소 득점왕을 연거푸 받았다. NBA 스타들은 부상을 우려해 올림픽 출전을 꺼리는데, 그는 2016년 리우올림픽에 참석해 미국 대표팀의 우승을 이끌었다. 그가 오클라호마 시티썬더 소속이었을 때, 2015년과 2016년 시즌을 마치고 돌연 골든스테이트로 이적해 팬들에게 충격을 안겨주었다. 이적한 이유는 NBA 우승 반지를 갖고 싶어서였다. 시티썬더는 우승할 가능성이 적었기 때문이다.

챔피언이 될 전력을 갖춘 팀으로 이적해 우승해보는 것은 프로선수의 소원이다. 때로는 연봉을 삭감해서라도 우승 확률이 높은 팀으로 이적하는 경우도 있다. 그러나 정말 존경받는 선수는 우승 반지의 유무로 결정되는 것은 아닐 것이다. 상대적으로 약한 팀이라 해도 그 팀을 위해 꾸준히 자리를 지키는 선수가 어쩌면 진정한 프로가 아닐까.

하나님께서 우리에게 원하시는 것이 눈에 보이고 손으로 헤아릴 수 있는 성과나 업적만은 아니다. 하나님의 빛이 필요한 그늘진 자리를 찾아가며, 하나님의 눈물이 필요한 거칠고 험한 곳으로 가는 것이다. 화려한 조명을 받는 자리를 탐하지 않고, 아무도 알아주지 않고 인정하지 않는다 할지라도 그 일을 묵묵히 해내는 것이다. 때로는 수고한 만큼의 열매를 수확하지 못해도 낙망하지 않고, 실망하는 자신을 추스르고 다시 갈 길을 가는 사람이다. 그런 사람이 예수 심장을 가진 그리스도인이다.

12 / 싫어도
십자가를 지는 힘

○ **결국 십자가를 견디는 능력이다**

영화 〈미션〉은 오프닝에서 거대하고 위험한 폭포를 맨손과 맨발로 기어올라 복음을 전하려는 선교사를 보여준다. 원주민들은 복음을 전하러 온 선교사를 십자가 형틀에 묶어 강가로 끌고 가 강물에 던져버린다. 강물에 떠내려가던 선교사는 웅장한 폭포 밑으로 떨어진다. 원주민들은 자기 종족을 사냥해 노예로 끌고 간 백인을 증오했기에 복음을 전하러 온 백인 선교사에게 복수한 것이었다. 목숨을 걸고 폭포를 올라갔다가 시신으로 돌아온 선교사를 동료 선교사가 수습한다. 그리고 다른 선교사가 그 폭포를 다시 오른다. 그 역시 시신이 되어 돌아온다.

선교사들이 왜 죽을 수밖에 없는 곳으로 계속 올라갔을까? 복음을 전하기 위해서였다. 죽을 줄 알면서도 폭포를 오른 것은 그들이 예수의 심장을 품었기 때문이다. 예수 심장을 품었다고 두려움 자체를 느끼지 못하는 것은 아니다. 비록 겁이 나지만, 포기하지 않게 하는 예수 심장의 힘으로 다시 올라가는 것이다. 예수 심장은 결국 십자가를 견디는 능력이다. 예수 심장은 합격, 성취, 성공, 달성을 가능하게 하는 능력만이 아니라 내가 죽을 곳으로 갈 수 있는 힘이며, 가서 죽음조차 감당하는 능력이다.

○ **'패션 오브 크라이스트'의 예수 심장**

예수님은 이 땅에 대속제물이 되려고 오셨다. 세례 요한이 소개한 것처럼 예수님은 '하나님의 어린 양'으로서 이 땅에 오셨기에 당연히 십자가에서 죽음을 맞으셔야 했다. 그런데 인류 역사의 중심 사건이 될 십자가 앞에서 예수님이 잠시 머뭇거리셨다는 사실을 믿을 수 있겠는가?

겟세마네의 밤이 지나면 예수님은 십자가를 지셔야 했다. 예수님은 그 십자가라는 잔이 지나가기를 바라셨다. 목수로 살아오신 예수님이 나무로 만든 십자가에 매달려 죽어가는 것이 얼마나 고통스러울지 누구보다 잘 아셨던 것이다.

영화 〈패션 오브 크라이스트〉에서 예수님이 못 박히시는 장면은 특히 인상적이다. 로마 병정이 예수님을 십자가에 누이고 한쪽 손에 못을 박으려 하자 마치 거부하시려는 듯 다른 쪽 손을 부들부들

떠는 장면이 있기 때문이다. 그러자 병사들이 아예 예수님의 팔목을 밧줄로 고정시키고 십자가에 못을 박아버린다.

내가 이 영화를 처음 볼 때 그 장면을 선뜻 이해하지 못했다. 예수님이 바로 그 십자가에 못 박히기 위해 이 땅에 오셨는데, 사역의 절정인 십자가에서 왜 머뭇거리신 걸까? 하지만 곰곰이 생각해보니 이해가 되었다. 자신이 목수로서 사용하던 못에 찔리는 것은 정말 견디기 힘든 고통이었다. 그 고통이 너무 심하기에 예수님조차 멈칫거리셨던 것이다. 예수님께서 십자가를 지시는 것을 사명으로 알고 이 땅에 오셨지만, 십자가에서 못 박히시는 순간의 고통이 너무 참혹했기에 인간의 본능으로 저항하신 것이다. 완벽한 인간의 몸으로 오신 예수님이기 때문이다. 십자가의 고난이 그처럼 고통스러웠지만, 예수님은 결국 십자가를 지셨다.

예수님마저 멈칫거리게 할 정도의 강한 고통까지 견디게 하는 능력이 예수님의 심장이었다. 예수님의 심장은 겟세마네 동산에서 간절히 기도하심으로 준비되었으며, 십자가에 못 박혀 달리시는 극적인 순간에 그 능력이 작동하면서 사명을 감당하셨다.

일반적으로 예수님을 믿음으로써 품게 되는 예수 심장은 힘든 일을 감당할 능력을 준다고 생각한다. 불가능한 일을 감당해낼 특별한 에너지를 공급해줄 것이라 기대하는 것이다. 예수 심장은 물론 그런 힘을 준다. 하나님이 직접 설명해주시지 않는 한 설명 불가능한 기적 같은 일도 예수 심장을 통해 이룰 수 있다. 하나님의 은혜가 임하면 가능하다. 하지만 예수 심장의 능력은 현실에서 승리하기 위한 것이 전부가 아니다. 불리한 조건 속에서도 묵묵히 감당하고, 패배와 실패를 거듭할지라도 견디는 능력을 준다. 사실 현실에서는 견디고 감당하는 능력이 더 중요하다.

○ **죽음의 자리로 기꺼이 간 바울**

바울이 3차 전도여행을 마치고 예루살렘으로 올라갈 때, 심각한 경고의 말씀을 받았다. 성령께서 바울이 예루살렘에 가면 결박과 환난을 만날 것을 반복해 보여주셨다. 성령님이 말씀하시면 그대로 이루어진다. 밀레도의 성도들은 이 소식을 듣고 바울에게 예루살렘으로 가지 말라고 만류했다(사도행전 21:1-4). 가이사라에서 전도자 빌립의 집에 머무를 때 선지자 아가보도 가지 말라고 진지하게 경고했다. 그는 바울의 띠를 가져다 자기 수족을 잡아매는 퍼포먼스까지 연출했다.

> 우리에게 와서 바울의 띠를 가져다가 자기 수족을 잡아매고 말하기를 성령이 말씀하시되 예루살렘에서 유대인들이 이같이 이 띠 임자를 결박하여 이방인의 손에 넘겨 주리라 하거늘 _사도행전 21:11

한두 번도 아니고 만나는 사람마다 같은 경고를 한다면 누구라도 위축되기 마련이다. 하지만 바울은 단호히 거절하며 가던 길을 멈추지 않는다. 그는 죽기를 각오했기 때문이다.

바울이 대답하되 여러분이 어찌하여 울어 내 마음을 상하게 하느냐 나는 주 예수의 이름을 위하여 결박 당할 뿐 아니라 예루살렘에서 죽을 것도 각오하였노라 하니 _사도행전 21:13

비록 결박과 환난이 예상되고 죽음이 기다린다 해도 바울은 헌신의 길을 멈추지 않았다. 바울은 결국 예루살렘에서 결박당해 로마로 압송되었다. 로마 감옥에서도 복음을 전했으며 마침내 순교의 피를 뿌렸다. 고통당하고 죽을 길이 확실해도 그 길을 계속 가는 힘은 예수 심장에서 나온다. 예수 심장은 죽음의 권세도 이긴다.

○　　　**가나안 교인을 아십니까?**

　　예수님은 믿지만 교회는 출석하지 않는 이들을 '가나안 교인'이라 부른다. '가나안'을 거꾸로 읽으면 '안 나가'다. 그들은 예수님을 구주로 고백하지만 교회는 출석하지 않는다. 설교방송을 보거나 나름의 방법으로 예배를 드리지만 교회는 나가지 않는 것이다. 헌금은 어려운 단체나 기관에 기부하는 것으로 대신하기도 한다. 이런 가나안 교인이 국내에만 최대 100만 명이 넘는다고 추산한다.

　　가나안 교인이 파생된 주요 이유는 다니던 교회의 지도자나 성도에게 상처를 받았기 때문일 것이다. 인격적 모독을 당하거나 의견이 크게 달랐거나, 심지어 교인에게 재정적 타격을 입은 사람도 있다. 그런 교회에 실망해 교회를 옮겼는데, 옮긴 교회에서 또 다른 문제를 만나면 아예 이 땅에 존재하는 교회에 환멸을 느낀다. 그래서 다시는 교회 공동체에 들어가지 않으려는 것이다.

언젠가 내가 섬기는 교회에 등록한 성도와 대화를 나누면서 뜻밖의 이야기를 들었다. 3대째 기독교인 그의 집안에서 내려온다는 일종의 신앙생활 신조였다.

"교회에 문제가 생기고 갈등이 생기면 무조건 그 교회를 떠나라."

그의 부모가 교회 안의 분쟁으로 어려움을 겪었기 때문이었다.

예수의 사람은 잘못된 신앙생활 신조에도 정면으로 부딪힌다. 문제가 있는 교회에서 오히려 그 문제가 해결되도록 수고하며 섬겨야 하지 않을까? 오해 받을 수도 있고 아무리 섬겨도 뚜렷한 변화가 일어나지 않을 수 있지만, 그런 상황에서도 묵묵히 자리를 지키는 것이 예수 심장의 능력이다.

예수님은 우리들을 잔치 가운데 영롱한 빛으로 부르시지 않았다. 어둠 가운데 빛이 되라고 부르셨다. 예수님은 쾌적한 장소가 아니라 썩어가는 세상에서 소금이 되라고 하셨다. 더 어둡고 위험하며, 정말 예수의 피가 필요한 곳으로 가야 한다. 그런 곳에 내 안의 예수 심장에서 흘러나는 그리스도의 피를 부어주는 것이 예수 심장을 품은 사람이 할 일이다.

○　　　**에볼라는 내 친구**

　　2014년에 29세였던 영국인 남성 간호사 윌리엄 풀리는 간호사 교육 과정을 갓 마친 풋내기였다. 그는 한 자원봉사 단체의 권유를 받아 시에라리온으로 의료 봉사를 떠났다. 그의 임무는 6개월 동안 호스피스 병원에서 에이즈 환자나 말기 암 환자를 돌보는 것이었다. 하필 그 무렵, 시에라리온, 기니, 라이베리아 등 서아프리카에서 에볼라가 발생하기 시작했다. 그가 갈 때까지 시에라리온에서 에볼라로 숨진 사람은 1,200명에 달했으며 사망자 숫자는 급속히 퍼져 나갔다.

　5주 이상 에볼라 환자를 헌신적으로 돌보던 풀리는 심한 고열과 오한을 느꼈다. 불길한 예감대로 에볼라에 감염됐다는 판정을 받았다. 그는 영국인으로서는 처음 에볼라 바이러스에 감염돼 본국으로 후송되었다. 다행히 에볼라 치료제를 투여 받고 열흘 만에 완치 판정을 받았다. 그런데 풀리는 다시 시에라리온에 가기로 결심했다. 복귀를 준비하는 동안, 치료제 개발을 돕겠다며 미국에 건너가 자신의 혈액을 기증하기도 했다.

　에볼라는 자칫 죽음으로 이어질 수 있는 무서운 전염병이다. 풀리는 자신이 에볼라에 걸려 위험한 고비를 만나기도 했다. 에볼라에서 완치된 사람이라면 다시는 그 지역에 갈 생각은 하지 않을 것이다. 하지만 그는 자기에게 에볼라를 안겨준 곳으로 돌아갔다. 그의 헌신은 많은 이에게 깊은 감동을 안겨주었다.

○　　　**나병환자가 된 선교사**

　　19세기 벨기에 사람 다미엔은 하와이 몰로카이 섬에 수용된 나병환자를 위해 헌신했다. 지상천국 같은 섬에서 수많은 나병환자들이 인간으로서 견디기 어려운 슬픔과 고통 속에 불행하게 살고 있었다. 세상으로부터 버림받고 잊혀진 이들이 분노하며 삶을 저주하고 있었다. 그런 곳에 간 다미엔은 온몸이 썩어 들어가는 병자들에게 복음을 전했다. 하지만 병자들은 자신들을 섬기러 온 다미엔을 도리어 조롱했다.

　　"자기는 몸이 건강하니 저러지, 만약 우리들처럼 날마다 몸이 썩어간다면 저렇게 말하진 못할 것이다."

　　굳게 닫혀버린 그들의 마음을 확인한 다미엔은 비장한 기도를 드리기 시작했다.

　　"주님, 저를 나병환자로 만들어주세요. 죄인을 구하려고 죄인처럼 되셨던 예수님처럼, 나병환자를 구하기 위해 저도 나병환자가 되기를 원합니다."

　　얼마 후 열린 선교기금모금행사 중에, 초에 손을 얹었던 다미엔은 손이 타는 줄도 모르고 있었다. 나병환자가 되어 감각을 잃어버린 것이었다. 이 광경을 본 사람들은 경악을 금치 못했지만 다미엔은 무릎 꿇고 감사 기도를 드렸다.

　　"주님, 감사합니다. 저도 이제야 나병환자들에게 복음을 전할 자격을 갖추게 되었습니다."

　　다미엔의 감각은 점차 무뎌졌다. 눈썹이 빠지고 관절이 떨어져 나갔다. 손가락 마디가 떨어진 모습으로 나병환자들에게 다가가 외쳤다.

"주님은 나병에 걸린 우리들을 사랑하십니다."

나병환자가 된 다미엔이 복음을 외치자 나병환자들은 감동하며 복음을 받아들였다. 그후 3년만에 그 죽음의 섬에서 800명이 복음을 받아들이는 구원의 역사가 일어났다. 사람들은 다미엔에게 요양을 권했지만, 그는 5년을 더 활동하다 49세에 삶을 마쳤다. 섬의 환자들은 마치 자기들의 아버지가 돌아가신 것처럼 통곡했다. 다미엔은 죽음의 문턱에서 이런 유언을 남겼다고 한다.

"내 주님을 위해 모든 것을 다 바친 나는 참으로 행복합니다. 형제들이여, 내가 죽거든 새벽마다 내가 엎드려 기도하던 해변가의 나무 그늘 밑에 나를 묻어주시오"

누구라도 건강을 원하지 질병에 걸리기는 원치 않는다. 질병에 걸리면 속히 낫기를 원한다. 그러나 다미엔은 나병환자들을 섬기려고 스스로 나병환자가 되기를 원했고, 마침내 나병환자가 되었다.

○　　　**당당히 낮은 곳으로**

현대인은 남보다 높은 자리에 오르려 한다. 더 크게, 더 많은 것을 이루고 가지려 한다. 그렇게 되기 위해 서슴없이 막대한 투자를 한다. 시간과 재정을 쏟아 부어서라도 앞서려는 것이다. 지금보다 더 탄탄하고 강한 삶을 원하기 때문이다.

그러나 예수 심장은 당당히 낮은 곳으로 가게 한다. 사망의 음침한 골짜기에서 기한 없는 섬김을 묵묵히 감당하게 만든다. 그리스도인은 하나님과 같은 분이신 예수님이 높고 영화로운 천국에서 낮고 천한 이 땅으로 기꺼이 오신 것을 본받아 살기 때문이다.

예수님이 머리 둘 곳조차 없는 가난한 삶을 묵묵히 감당하실 수 있었던 것도, 혹독한 십자가를 지실 수 있었던 것도 결국은 예수 심장 때문이었다. 바로 그 예수 심장이 우리 안에 있을 때 우리들은 고단하고 피곤한 일도 감당할 수 있다. 때로는 성취감이 없고 다른 이들과 비교하여 뒤처지는 느낌이 들 때도 그 자리를 지킬 수 있다. 다른 이와 비교하며 열등감과 자기비하에 빠지지 않고, 다른 이들은 염려하고 걱정하는 자리에서도 기쁨과 평강을 잃지 않고 계속 헌신할 수 있다.

지금 내가 어떤 지위에 있는지는 성공의 잣대가 아니다. 무엇을 남겼는지도 중요하지 않다. 사람들에게 철저히 알려지지 않는 무명으로 살아온 날이 실패를 증명하지 않는다. 내가 남긴 결과물이 말하기조차 보잘것없어도 그것이 나의 가치를 규정하지 않는다. 주어진 자리를 묵묵히 지키며 예수님을 따라 사는 것이 성공이다. 그것이 가장 가치 있는 삶이다.

13

시간은
우리를 완성시킨다

○　　　**시간은 우리 편이다**

　　우리는 시간을 적으로 생각할 때가 많다. 흐르는 시간
이 아쉽다는 마음을 가진다. 시간이 지나가는 만큼 젊음이 사라지
는 것이라고 생각하기 때문이다. 그래서 김광석은 사라지는 청춘을
아프게 노래했다.

　　"또 하루 멀어져 간다. 점점 더 멀어져 간다. 머물러 있는 청춘인
줄 알았는데…"(김광석 노래, '서른 즈음에' 중에서).

　　그러나 우리가 기억할 것이 있다. 시간은 우리 편이라는 사실이
다. 시간을 만드신 분이 선하신 하나님이시기 때문이다. 시간은 하
나님께서 우리를 위해 만드신 것이다. 시간의 틀 안에 우리를 가두
려고 만드신 게 아니다. 우리가 시간이라는 재료를 사용해 하나님

의 소원을 이루라고 하신 것이다.

　시간은 나를 배우로 등장시켜 드라마를 펼치시는 하나님의 무대다. 드라마가 시간이 흘러야 내용을 이해하고 재미를 느끼고 결론을 알게 되듯, 인생도 하나님의 일도 시간이 지나야 씨앗이 터져서 새싹이 되고 꽃 피우고 열매를 맺게 된다. 그런 점에서 보면 시간은 지나가는 것만은 아니다. 내게 축적되는 것이다. 인생과 하나님의 일은 시간이라는 숙성과정을 통해 비로소 완전해지기 때문이다. 하나님 나라의 눈부신 영광의 날은 어느 날 뚝딱 만들어지지 않는다. 손바닥만한 벽돌이 차곡차곡 쌓여 화려하고 웅장한 궁궐이 되듯, 평범한 일상이라는 시간이 쌓여 하나님 나라가 완성되는 것이다.

　"이집트는 나일강의 선물"이라는 말이 있다. 나일강이 범람하면 하류는 피해를 입는다. 하지만 그로 인하여 농사를 짓기에 적당한 영양분을 담은 흙이 쌓여 비옥한 토지를 만들어준다. 때로는 삶을 삼켜버릴 듯한 고난의 시간도, 지나고 보면 내게 비옥한 양분을 공급해주었음을 알게 된다. 감당하기 어려울 만큼 혹독할 시간을 지날 때도 있지만, 반드시 합당한 열매를 남길 것이다. 그러므로 시간은 우리의 적이 아니다. 가장 든든한 아군이다.

　우리 편인 시간은 나일강의 모래처럼 퇴적된다. 따라서 우리는 하루를 대충 수습하듯 흘려보내선 안 된다. 예수 심장을 가진 그리스도인에게 시간이란 청춘에서 멀어져 가는 시간이 아니다. 일상이 강물처럼 지루하게 흘러가는 것처럼 보여도 사실은 하나님의 영광에 조금씩 다가가는 위대한 접근 과정이다. 참고 견디며 시간을 창의적으로 활용해야 한다. 그 능력은 예수 심장에서 나온다.

○　　　**잡초반에서 시간 보내기**

　　돌아보면 내 인생에서 처음 힘들고 지루한 시간을 보낸다고 느낀 때가 고등학생 시절인 것 같다.

　우리 가족은 내가 고등학교에 입학한 지 얼마 안 되어 미국으로 이민을 가기로 결정했다. 그렇다면 영어만 공부하면 되었다. 다른 과목은 공부할 필요가 없어졌다! 하지만 집안사정으로 과외는커녕 학원도 다닐 수 없었다. 그러면 팝송을 들으면 된다는 선생님의 조언을 믿고 열심히 팝송을 들었다. 그러나 시간이 지나도 팝송 지식은 느는 반면 영어는 별로 늘지 않았다. 그렇게 일 년 정도 지나 2학년 2학기 중간고사를 앞둔 날이었는데, 문득 엉뚱한 생각이 들었다.

　'시험공부를 하나도 안 하고 시험을 치르면 점수가 어떻게 나올까?'

　어리고 유치한 생각이었지만, 실제로 전혀 공부하지 않고 시험을 치렀더니 반의 63명 중에서 48등이 되었다. 국내에서 대학을 갈 필요가 전혀 없던 나로서는 추억 하나 남긴다는 마음이었다. 그런데 얼마 뒤 황당한 상황이 발생했다. 가정환경이 급변해 이민 가려던 계획이 전면 중단된 것이었다. 국내 대학에 진학해야 할 상황이 된 것이다. 이민 계획이 진행될 때에는 '야자'를 하지 않았으나, 이제는 꼼짝없이 하게 생겼다. 뒤늦게 시작한 야간자율학습은 정말 괴로움 그 자체였다.

당시 야자반 중에 명문대 진학이 예상되는 학생들은 '장미반'에서 공부했다. 에어컨이 구비된 쾌적한 공간이었다. 4년제 대학 이상을 기대하는 학생들은 '백합반'으로 불리는 독서실에서 비교적 조용히 공부할 수 있었다. 대학에 별 관심 없던 학생들은 여름에 선풍기도 제대로 돌지 않는 일반 교실에서 억지로 야자를 해야 했다. 그런 교실을 '잡초반'이라 불렀고, 나는 당연히 잡초반이었다. 면학 분위기는 전혀 조성되지 않았다. 대부분 떠들기나 하고 장난도 심하게 치는 곳에서 긴 저녁 시간을 버티기가 곤혹스러웠다.

○　　　아무것도 안 보이지?

첫 야자를 겨우 마치고 돌아오던 밤, 마지막 버스를 타고 정류장에 내렸지만 집으로 들어갈 마음이 없었다. 마음 깊은 곳으로부터 치밀어 오르는 뜨거운 불기운을 주체하지 못해서였다.

무작정 걸었다. 한참을 걷다 정신을 차려보니 교회당 앞이었다. 나도 모르게 발길이 교회 안으로 들어가고 있었다. 조명이 거의 없어 어둡고 침침한 교육관이 보였다. 그때 마음속에 이런 소리가 들려왔다.

"아무것도 안 보이지? 이게 너의 미래야!"

순간 욱하는 감정이 솟구쳤다. 동시에 쓰러지듯 예배당 마룻바닥에 무릎을 꿇었다. 참았던 분노와 억울한 감정이 화산 폭발하듯 터져 나왔다.

'내가 이민 갈 줄 알고 공부 안 했던 것이지, 뭐가 모자라서 잡초 반에 들어간 건 아니지 않은가!'

오랜 시간, 힘들게 눌러두었던 상한 감정과 무너진 자존감이 한꺼번에 울음과 괴성으로 터져 나왔다.

'나도 정상적으로 학원 다니고 과외를 받았더라면 이렇게까지 망가지지는 않았을 텐데!'

그렇게 지난 상황을 원망했다. 지혜롭게 이민 준비기간을 보내지 못했던 나 자신도 자책했다.

어쨌든 실컷 울고 나니 마음은 후련해지는 듯했다. 그러다 갑자기 머리를 스치며 지나가는 생각이 있었다.

"하나님과 거래를 하자."

마음속에서 이런 기도가 제멋대로 터져 나왔다.

"하나님, 이제부터 학력고사(내가 대학 준비할 때의 수능고사) 치를 때까지 매일 밤 야자 마치고 돌아오면서 꼭 교회 들러 기도를 '해드릴게요!' 그러니 제발 제가 공부 잘 하게 해주세요!"

그렇게 일방적으로 '계약'을 선포하고 얼른 예배당을 뛰쳐나왔다.

다음날부터 고등학교 1학년 교과서부터 무조건 외우기 시작했다. 쉬는 시간과 화장실 가는 시간도 줄여가며 집중하고 파고들었다. 한 번은 토요일 오후 3시에 작심하고 공부를 시작했는데, 어느 순간 볼펜이 써지지 않았다. 분명히 그날 처음 쓰기 시작한 새 볼펜이었다. 의아해서 볼펜심을 확인하는 순간 경악했다. 그새 잉크를

다 써버린 것이었다. 화들짝 놀라 시계를 보니 밤 11시를 가리키고 있었다. 시간이 어떻게 지나갔는지 알지 못할 정도로 몰입했던 것이다.

2개월이 지나자 '잡초반'에서 '백합반'으로 승격(!)했다. 그것이 좋은 자극이 되어 더욱 가열차게 공부에 집중했다. 매일 야자를 마치고 교회를 들러 '기도해드리는' 의식도 빠뜨리지 않았다. 때로는 몸이 무너질 듯 피곤했지만, 교회에서 기도하고 집에 돌아가겠다는 약속을 깨면 모든 것이 수포로 돌아간다는 생각이 들어 포기할 수 없었다.

여름이 된 어느 날, 공부하는 도중 갑자기 눈앞이 아득해지고 어지러웠다. 정신을 차려보니 책 위로 핏방울이 떨어지고 있었다. 코피가 터진 것이다. 그걸 보자 말할 수 없는 희열이 솟구쳤다.

"이것이 전설에서만 존재한다는, 공부하다 코피 터지는 것이로구나! 이걸 내가 직접 경험하다니!"

말할 수 없는 감동이 밀려왔다. 그것이 내게는 학생들이 말하는 '코피 쾌감의 첫 추억'이었다. 그렇게 공부를 계속하며 고3 시간을 보냈다. 그리고 학력고사를 치르기 전, 10월 마지막 모의고사에서는 반에서 3등을 했다.

고3 한 해 동안 고비도 여러 번 있었다. 하필 그해 한국에서 프로야구가 시작되었다. 야자를 할 시간에 내가 다니던 고등학교에서 훤히 보이는 구덕경기장에서 프로야구 야간경기가 열렸다. 스포츠를 좋아하던 학생들은 숨죽이며 트랜지스터 라디오로 중계를 들었다. 야자시간이 되면 몇몇 친구들은 감독하는 선생님이 오기까지 시간을 계산해 탁구를 치러 가자거나 라면 먹으러 나가자고 꼬드겼다. 성적이 오르지 않고 공부가 지루하게 느껴지는 시간도 있었다. 다 그만두고 싶은 한계도 느꼈다. 그런 유혹을 이길 수 있었던 힘은 내 끈질긴 성격이나 집중하는 능력에서 나온 것이 아니었다. 정말 지루하기 그지없던 시간을 이긴 힘은 다른 데 있었다. 바로 매일 밤 야자를 마치고 돌아갈 때 교회에 들러 기도한 것이었다.

○ **나를 지켜준 시간**

지금 생각하면 그 늦은 밤에 교회당 문을 열고 들어가 기도하던 시간이 얼마나 소중한지 모른다. 바람 불고 폭우가 쏟아져도 반드시 들러 기도의 자리에 앉았던 그 시간이 고3의 혹독하고 지루한 시간을 견디게 한 힘의 공급원이었던 것이다. 내가 기도의 시간을 지킨다고 생각했지만, 실은 그 기도 시간이 나의 고3 기간을 지켜주었던 것이다.

그때 내가 드린 기도를 생각하면 지금도 얼굴이 화끈거린다. 너무 어처구니없고 민망한 기도였다. 기도가 무엇인지 알지도 못했다. "내가 매일 기도해드릴 테니 그 정성을 보시고 성적이 잘 나오게 해달라"고 한 샤머니즘적 기도에 불과했다. 그런 기도조차 긍휼히 여기셔서, 혹독한 시간을 감당할 힘을 주셨다고 생각한다.

14

바람 맞지 말고
바람 타고 가라

편서풍과 성령의 바람

같은 구간의 비행기를 타더라도 갈 때와 돌아올 때의 비행시간은 각기 다르다. 한국에서 LA로 갈 때는 대략 11시간 정도 소요된다. 반면 돌아올 때는 13시간 10분 정도 걸린다. 2시간가량 차이가 나는 것이다. 부산에서 필리핀 마닐라까지 3시간 55분 정도 이며, 마닐라에서 부산은 3시간 25분 정도 걸린다. 30분 정도의 차이다. 지도에서 볼 때 왼편에서 오른 편으로 가는 비행기가 반대 방향으로 가는 비행기보다 훨씬 빨리 비행을 마치는 셈이다.

같은 거리를 비행하는데 시간 차이가 나는 이유는 지구의 자전 때문이다. 지구의 자전 방향은 동편에서 서편이다. 그로 인해 북위 30-60도 지점에는 항상 서편에서 동편으로 바람이 분다. 이 바람을 편서풍이라고 한다. 서울에서 출발할 때는 비행기가 편서풍을 타고 가기에(On The Winds) 수월하게 비행할 수 있다. 반대편으로 올 때는 바람을 거슬러 오기에(Against The Winds) 힘과 시간이 더 든다.

보통 새들은 날갯짓을 많이 한다. 그러나 독수리는 날개를 많이 펄럭이지 않는다. 독수리는 선천적으로 바람의 흐름을 구별하는 능력이 있어 날기에 적당한 바람이 불 때를 기다린다. 그런 바람이 불 때 바람에 몸을 맡기는 것이다. 강한 바람이 불어오면 보통 새들은 숨어버리지만 독수리는 그 속으로 돌진해 하늘 높이 솟구친다. 바람을 타고 날아가기 때문에 속도가 시속 200킬로미터에 달하기도 한다. 독수리는 2미터가 넘는 날개를 펼치기만 할 뿐이다.

사자를 지상 동물의 왕으로 치듯 공중을 나는 새의 왕으로 독수리를 꼽는다. 그런 독수리도 알고 보니 자기 능력만으로 비행하는 것이 아니었다. 자기 힘을 쓰는 날갯짓은 적게 하면서 바람을 잘 이용해 오히려 더 오래 더 힘차게 날아다닐 수 있는 것이다.

여호와를 앙망하고, 성령의 바람을 타면 어렵지 않다. 힘들지 않다. 유리한 조건을 가졌다고 해서 반드시 이기는 것이 아니다.

오직 여호와를 앙망하는 자는 새 힘을 얻으리니 독수리가 날개치며 올라감 같을 것이요 달음박질하여도 곤비하지 아니하겠고 걸어가도 피곤하지 아니하리로다 _이사야 40:31

○   **우사인 볼트도 항상 이기지 못한다**

　　현재 세계에서 가장 빠른 사람은 자마이카의 육상선수 우사인 볼트다. 2011년 대구에서 열린 국제육상대회에 우사인 볼트가 참여하면서 대회 주최측은 그로 말미암은 흥행 효과를 기대했다. 우승은 따놓은 당상이라고 스포츠 기자단과 전문가들은 확신했다. 관심은 대구에서 세계기록을 세울 것인지였다. 하지만 볼트는 허무하게도 부정출발로 탈락하고 말았다. 당대에 경쟁자를 찾아볼 수 없는 경기력을 가졌다고 평가받는 우사인 볼트조차 항상 이길 수 없는 것이다. 지혜의 왕 솔로몬은 말한다.

　　… 용사들이라고 전쟁에 승리하는 것이 아니며 … _전도서 9:11

　　골리앗 앞에 선 다윗은 누가 보더라도 승리는커녕 목숨도 보장할 수 없었다. 골리앗은 키가 286센티미터, 갑옷의 무게만 58킬로그램, 창날의 무게만 7킬로그램이 되는 슈퍼 블록버스트급 군사였다. 게다가 싸움에 익숙했다. 하지만 다윗은 싸움이라 해봐야 양을 돌보기 위해 짐승을 쫓아본 경험이 전부였다. 군대도 다녀보지 못한 소년이었다. 하지만 그 싸움은 다윗의 승리, 골리앗의 패배로 끝났다.

　　전쟁에서 이기려면 적이 갖지 못한 탁월한 무기가 있거나 월등히 많은 병력과 특출한 전략이 필요하다. 거기에 병사들에게 식량과 탄환 같은 보급품이 제대로 조달되어야 승리할 수 있다. 이 모든 것을 다 갖추었다 하더라도 승리가 보장되는 것은 아니다. 어린 다윗은 이와 같은 전투의 승리 공식을 전혀 갖추지 못했다. 그럼에도 불구하고 골리앗을 두려워하지 않았던 것은 싸움이 하나님께 속함을 믿었기 때문이었다.

> 또 여호와의 구원하심이 칼과 창에 있지 아니함을 이 무리에게 알게 하리라 전쟁은 여호와께 속한 것인즉 그가 너희를 우리 손에 넘기시리라 _사무엘상 17:47

다윗이 아직 어렸을 때였지만, 그때까지 여러 번의 고비에서 건져주신 하나님을 그는 알았다. 그 하나님이 골리앗과의 싸움에서도 이기게 하실 것을 확신했기에 도전했고, 확신대로 승리를 거둔 것이다. 이 원리는 다윗에게만 한정된 것이 아니다. 예수 심장을 가진 모든 그리스도인의 특권이다.

○ **세상에 맞추지 마라**

골리앗의 힘이 승리의 가능성을 높일 것으로 기대했지만 지고 만 것처럼, 강력한 학벌과 외모 같은 스펙이 반드시 인생의 승리를 결정하는 것은 아니다. 부산역에서 노숙자 사역을 하던 송주현 전도사의 부인 나은비 자매의 간증을 그 예로 들고 싶다.

은비를 지도하던 교수님께서 항공사에서 지상직 채용공고 소식을 전해주었다. 사실 누가 보더라도 아름다운 외모를 지닌 은비는 원래 기내 승무원, 스튜어디스가 되고 싶었다. 그래서 정중히 사양하려 했지만, 강력히 추천하는 교수님의 배려를 무시할 수 없어 일단 면접을 경험해본다는 마음으로 응시했다.

연락 온 다음날이 서류 제출 마감일이라 밤 새워 이력서와 자기소개서를 준비했고, 아침 일찍 사진을 찍어 서류를 냈다. 800명 지원자 중에 100명을 선정하는 1차 서류심사를 통과했다. 면접 당일 가보니 서류심사를 통과한 100명 중에는 은비 못지않은 외모에 토익 850점을 맞고 4개 국어를 하는 이도 있었다. 지상 근무 직원을 뽑는 면접임에도 승무원학과 출신이 대부분인 것 같았다. 은비도 스펙으로 치면 나름 뒤쳐지지 않는다고 생각했지만, 워낙 우월해 보이는 지원자들의 기세에 눌리는 기분이었다. 자신이 없어졌다.

드디어 면접 차례가 됐다. 한 면접관이 은비에게 집중하여 질문했다.

"자기소개서를 보니 봉사활동을 많이 하셨네요. 그리고 연애 스토리가 아주 특이한데, 전도사님과 어떻게 사귄 건가요?"

자기소개서에 쓴 전도사와의 연애 이야기에 면접관이 관심을 보인 것이었다. 은비는 자기 경험이기에 자연스럽게 이야기했다.

"남자친구랑 연애를 시작하면서 바로 달동네 할머니들을 찾아가게 되었습니다. 남친이 원래 노숙자나 노인을 돌보는 봉사를 해왔거든요. 우리 두 사람이 데이트할 돈으로 홀로 사시는 할머니, 할아버지들에게 고기 사 가지고 가서 같이 구워먹고, 어르신들 치매 방지에 고스톱이 좋다고 해서 광도 팔아 드리고요. 마치 제 친할머니 모시듯 시간을 보냈어요. 제가 손주가 된 기분이었고, 오히려 더 많은 사랑을 받았어요. 제가 만일 합격하면 그런 마음으로 고객들을 가족처럼 섬기겠습니다."

결과는 합격이었다. 합격자는 은비를 포함, 800명 가운데 9명에 불과했다. 독거노인을 예수님의 마음으로 섬긴 것인데, 하나님은 그 섬김을 축복의 수단으로 사용하셨던 것이다.

다른 이들과 비슷하거나 우월한 스펙보다 특별한 스토리가 이기는 시대가 됐다. 세상에 맞추어 겨우 연명하려들지 말자. 세상과 전혀 다른 방법으로 세상을 감동시키면 된다. 세상에 무릎 꿇지 않고 세상을 극복하면 된다. 하나님 앞에 무릎 꿇으면 세상이 인정할 것이다. 하나님께 인생의 주도권을 넘겨드리면 하나님이 해결하신다.

○　　　**폭주족 간사님의 드리프트**

한동대학교에서 집회를 마치고 대구 집회를 위해 서둘러 이동해야 하는 일정이 있었다. 당시 한동대학교에서 포항터미널까지는 약 30분 정도 걸렸다. 포항터미널의 마지막 버스 시간을 확인하고 집회를 섬겼는데, 끝나고 나니 20분밖에 남지 않았다. 난감한 상황이었다.

한동대학교 집회를 주관한 선교회에서 폭주족 출신이라는 간사님을 불러주셨다. 상황을 파악한 그는 자기 차로 나를 안내했다. 그를 따라가다 보니 걸음걸이가 조금 불편해 보였다. 궁금해서 물어보니 과거에 폭주하다 낸 사고로 다리에 철심을 박았다고 답했다. 스피드를 진심으로 사랑한 폭주족 출신임이 사실인 것을 확인하자 조금은 안심(?)이 되었다.

하지만 그의 차를 보는 순간 근심이 밀려들었다. 자동차는 안수기도가 필요할 만큼 상태가 나빠 보였다. 차문을 여는데 폐가의 현관문을 열 때처럼 '삐걱' 소리가 났다. 간사님은 "비록 이래 보여도 저에겐 최적화된 차이니 걱정하지 마시라"고 했다.

내가 안전벨트 채운 것을 확인하더니 바로 시동을 걸고 후진했다. 그 순간 나는 깜짝 놀랐다. 순식간에 시속 80킬로미터쯤 되는 속도로 후진했던 것이다. 간사님은 "이제 출발합니다" 하더니 가속 페달을 깊이 밟았다.

흔히 정지 상태에서 시속 100킬로미터까지 몇 초만에 가속되는지를 좋은 스포츠카의 기준으로 삼는다. 그런데 내가 탔던 그의 자동차는 그렇게 낡아보였음에도 불과 10초도 안 되어 시속 100킬로미터를 훌쩍 뛰어 넘었다.

당시 한동대학교 주변은 온통 논과 밭뿐이었다. 도로가 좁고 S자길이 많았다. 하지만 그는 조금의 망설임 없이 속도를 줄이지 않고 '드리프트'라는 전문적인 코너링 운전 실력까지 발휘했다. 그 간사는 정말 코너링 실력이 탁월했다. 핸들을 손바닥으로 돌릴 뿐 아니라, 코너를 돌 때마다 차 바닥에서 영화에서나 듣던 끼익 소리가 4D 영화처럼 생생했다.

직진 도로가 나오자 그는 속도를 좀 더 내겠다며 가속페달을 더 밟았다. 속도가 금세 160킬로미터를 돌파하고 170킬로미터에 달하자 몸을 가누기 쉽지 않았다. 안전벨트를 맨 상태에서도 몸이 마구 흔들려 창문 위의 손잡이를 꼭 잡았다. 입에서 찬송이 저절로 흘러나왔다.

"주께 가까이… 주님 곁으로… 주께로 가까이… 주께로 가오니!"

도로의 과속방지 턱을 만나도 속도를 줄이고 않아 청룡열차를 경험했다. 그렇게 쾌속으로 질주하다 교차로가 나왔다. 신호등이 초록색에서 노란색으로 변하기 직전이었다. 간사님이 슬쩍 나를 쳐다보았다. 나는 지나가도 괜찮다고 눈짓했지만, 그는 절묘하게 브레이크를 밟으며 정지선에 정확히 차를 세웠다. 그리고 내가 평생 잊지 못할 놀라운 말을 했다.

"저는 신호는 지켜요."

신호가 바뀌자 다시 레이싱카가 됐다. 나는 또 찬송을 불러야 했다. 터미널에 도착할 때, 버스 출발시간이 5분이나 남아 있었다. 신호는 잘 지키는 그에게 감사 인사를 하고, 대구행 마지막 버스에 올라탈 수 있었다.

버스를 타고 가며 나는 생각했다. 그의 자동차는 분명히 낡았다. 칠이 군데군데 벗겨졌고 문은 녹이 슬어 삐걱거렸다. 하지만 폭주족 출신이 핸들을 잡는 순간, 그 낡은 자동차는 고성능 스포츠카가 되어 놀라운 속도로 질주했다. 비록 속도위반은 했지만, 그가 아니었으면 나는 제 시간에 도착할 수 없었을 것이다.

아무리 낡은 차라도 그 핸들을 파워 드라이버가 잡으면 엄청난 위력을 발휘한다. 자동차 성능도 중요하지만, 더 중요한 것은 핸들을 누가 잡느냐 하는 것임을 새삼 깨달았다.

지금 결코 겪어선 안 될 무시무시한 일을 겪고 있는가? 도저히 빠져나올 수 없을 듯한 절망에 빠져 있는가? 어디서부터 손을 댈지 모를 정도로 인생이 엉망진창 마구 헝클어져 있는가? 상관없다. 내 삶이 아무리 혹독하게 훼손되고 무너졌어도, 기억할 것은 단 하나다.

"지금 누구의 손에 내 인생이 잡혀 있는가?"

전능하신 하나님의 손이 나를 붙드시면 나는 시온의 대로를 질주하게 된다. 살아날 가능성이 전부 사라졌다 해도, 능력의 하나님께서 내 인생의 핸들을 잡으시면 그때부터 기적의 드리프트가 시작된다. 나라는 인생의 자동차가 아무리 낡고 초라하다 해도, 주님께서 내 삶의 드라이버가 되시면 시간의 한계나 불리한 조건도 역전할 수 있다. 그러므로 현재 상황에 갇히지 말자. 무너져 버린 것 때문에 소망마저 무너져선 안 된다. 전능하신 하나님의 손이 나를 붙드시면 얼마든지 이겨낼 수 있다. 하나님의 능력이 나를 채울 때, 내 인생에 결코 일어난 적 없는 불가능한 역사가 비로소 가능해진다.

○ **하나님의 날개 아래로**

결혼하지 않은 마리아에게 가브리엘 천사가 아기를 갖게 될 것을 알리는 '수태고지'를 했다. 마리아가 남자를 알지 못했기에 "그런 일이 어떻게 일어날 수 있겠는가?"라고 질문하자 가브리엘은 선포한다.

> 천사가 대답하여 이르되 성령이 네게 임하시고 지극히 높으신 이의 능력이 너를 덮으시리니 이러므로 나실 바 거룩한 이는 하나님의 아들이라 일컬어지리라 _누가복음 1:35

이방나라 모압에서 남편을 잃고 가난해져 이스라엘 땅으로 온 룻에게 보아스는 축복한다.

> 여호와께서 네가 행한 일에 보답하시기를 원하며 이스라엘의 하나님 여호와께서 그의 날개 아래에 보호를 받으러 온 네게 온전한 상 주시기를 원하노라 하는지라 _룻기 2:12

남편을 잃고 자식도 없어 미래마저 없는 룻이었지만, 그녀가 하나님의 날개 아래 피할 때 하나님께서 보호하셨고 모든 것을 회복시켜주셨다. 자상하고 든든한 보아스가 남편이 되어주었다. 그 지역의 부자였던 보아스의 모든 것을 누릴 특권을 가지게 되었으며, 아들 오벳은 다윗의 아버지 이새를 낳게 된다. 그리하여 룻은 예수 그리스도의 족보에 기록되는 영광을 누리게 된다. 이방인으로서 무시받으며 살아가야 했던 룻이 육적으로나 영적으로 놀라운 은혜를 누리게 된 것이다.

삶의 가능성이 사라질 때는 하나님의 날개 아래 피하는 것이 가장 안전하고 효과적이다. 나의 서러움을 자극하는 사건이 일어날 때 가장 효과적인 해결책도 하나님의 날개 아래 숨는 것이다. '폭주족 간사'에게 운전을 맡기듯, 하나님께 인생의 핸들을 맡기는 것이다. 그 날개 아래에서 우리는 가장 따스한 보호를 받게 되며, 놀라운 회복을 경험하게 된다.

세상의 능력은 목표를 달성하고
위기를 탈출하는 것을 기준으로 삼지만,
예수 심장은 사나운 원수조차 긍휼히 여기게 한다.

4부

얼음 심장을
눈물 심장으로

15

겨울왕국은
눈물이 녹였다

○　　　**불 주사와 화인**

　　미국 텍사스의 거대한 목장들은 말과 소를 많이 키운
다. 헤아리기 힘들 정도로 많기에 자칫 섞이기라도 하면 어느 목장
소유인지 구분하기 어렵다. 그래서 목장주들은 자기 소유의 말과
소를 증명하기 위해 불 도장을 사용해왔다. A라는 목장에서 말이나
소가 태어나면, 쇠로 만든 A 목장의 상징을 불에 달구어 어린 가축
의 몸에 도장처럼 찍는다. 털이 타고 가죽에서 연기가 난다. 불 도장
이 찍힌 곳은 털도 다시 나지 않고 감각도 사라진다고 한다. 그렇게
찍은 불 도장의 흔적은 그 짐승이 어느 목장에서 태어났는지를 평
생 증명한다.

　　나는 초등학생 시절에 불 도장은 아니지만 불 주사를 맞은 적이

있다. 주사기 바늘을 알코올 램프에 가열해 찌르는 불 주사는 통증이 엄청 컸고 두려웠다. 불 도장처럼 흉터도 남았다. 그런 불 주사를 맞게 한 이유는 결핵을 예방하기 위해서였다. 주사기로 몸 속에 약품을 주입해 2,3일 동안 부풀어 오른 수포를 보고 결핵에 감염된 것을 판정하는 방식이었다. 요즘 아이들은 전혀 모를 일이다.

불 주사는 당시 나 같은 초등학생에게는 보는 것만으로 공포 그 자체였다. 주사를 맞을 때는 살이 타는 아픔도 느꼈다. 맞은 후에는 너무 가려웠다. 성인이 된 지금도 불 주사의 흉터는 감각이 별로 없다. 촉감을 느끼는 세포가 죽어 그런 것 같다.

불 도장은 한자로 화인(火印)이라고 한다. 몸에 화인을 찍으면 피부에 통증을 느끼는 기능이 사라지듯, 영혼에 불 도장을 맞아 마음의 통증과 가책을 느끼지 못하는 사람이 있다. 이런 사람은 다른 사람의 아픔에 대해 전혀 공감하지 못한다. 성경은 이런 이들을 "자기 양심이 화인을 맞은 사람"(디모데전서 4:2)이라고 표현한다. 영어성경은 이 구절을 "whose consciences have been seared as with a hot iron"이라고 표현하는데, 뜨거운 철에 양심이 타버린 상태라는 뜻이다. 불 도장 맞았다는 말이다.

화인 맞은 심장은 불 도장 맞은 것이다. 심장이 그런 사람은 다른 사람의 감정을 느끼지 못한다. 도도하고 교만하게 살아간다. 심장이 병들었어도 본인은 문제인지 알지 못하고 고칠 생각도 하지 않는다. 세상 사람이 보기에 실력 있고 성과를 거두는 의지 강한 사람으로 보일 수도 있지만, 그의 심장은 멋진 게 아니라 병든 것이다.

현대 사회에서 말로 표현할 수 없을 정도로 무서운 사건들이 발생하는 것은 다른 사람의 아픔과 불행에 공감하지 못하는 화인 심장이 해결되지 않았기 때문이다.

○ **얼음공주 엘사의 궁전**

아름다운 왕국 아렌델의 공주 엘사에게는 눈과 얼음을 자유자재로 만드는 초능력이 있다. 어느 날, 얼음 놀이터를 만들어 놀다가 실수로 여동생 안나에게 상처를 입힌다. 충격을 받은 엘사는 안나를 또 다치게 할까봐 몇 년을 방에서 나오지 않는다. 그 사이 부모인 왕과 왕비가 해난 사고로 세상을 떠난다.

성년이 된 엘사는 여왕이 되기 위해 대관식에 모습을 나타낸다. 여전히 철부지인 안나가 대관식에서 만난 왕자와 무작정 결혼하겠다는 걸 반대하며 말다툼하는 사이, 엘사의 초능력이 들통난다. 엘사는 북쪽의 산으로 도망가 얼음궁전을 세우고 숨어버린다. 아렌델은 얼음에 뒤덮이고, 안나는 얼어버린 나라를 회복하기 위해 엘사를 찾아가는 모험을 한다. 애니메이션 영화로는 유일하게 천만 관객을 모은 〈겨울왕국〉의 초반 줄거리다.

겨울왕국은 엘사의 손이 닿는 모든 것이 얼음으로 변하는 나라다. 온기가 전혀 없어 사람이 살 수 없다. 엘사가 위협받거나 분노할 때 얼음은 그녀의 무기가 된다.

엘사의 왕국처럼 심장이 얼음 같아 최소의 동정심도 없는 사람을 범죄학에서는 '사이코패스'라고 부른다. 사이코패스는 다른 사람의 고통을 전혀 느끼지 못하기에 참혹한 범죄도 아무렇지 않게 저지른다. 정상적인 사람이라면 상상할 수 없는 일을 저지르고도 죄책감을 느끼지 않는다. 문제는 정도의 차이가 있을 뿐, 이런 증세가 특별한 사람에게만 있는 것이 아니라 죄의 세력에 붙잡힌 모든 사람에게 나타난다는 것이다.

바울도 예수님을 만나기 전에는 스데반이 죽어가는 것을 지켜볼 정도로 심장이 얼음 같은 사람이었다. 그랬던 바울이 예수 심장을 품은 사람으로 변화되었으니 그에게 배신감을 느낀 유대인의 집중 공격을 받을 수밖에 없었다. 말만의 협박이 아닌 실제적 위협이었다. 바울이 복음을 전하는 곳에서는 언제나 유대인이 바울과 충돌했다. 바울이 천하를 어지럽히는 자라는 가짜 뉴스를 퍼뜨리기도 하고 누명을 씌워 고소하기도 했다. 바울을 죽이기 전에는 먹지도 않고 물도 안 마시겠다고 다짐한 결사대도 있었다(사도행전 23:12,13). 바울은 유대인에게 공적 1호로 낙인찍혔던 것이다. 극심한 적대감을 한 몸에 받아야 했다.

바울은 이방인의 사도로 부름 받았다. 그는 자신이 이방인에게 복음을 전하도록 부르심 받았다는 사실을 잘 알고 있었으며 그 사명감에 투철했다. 그러나 그는 자신을 적대시하는 자기 민족에게도 복음을 전해야겠다는 마음을 결코 포기하지 않았다. 동포인 유대인이 바울의 복음 사역을 쉬지 않고 훼방했지만 개의치 않았다.

바울은 유대인이 복음을 받아들이지 않고 오히려 그리스도인의 복음 전도를 방해하며 박해하는 것이 매우 가슴 아팠다. 그러나 그는 자기를 비롯한 그리스도인에게 악하게 대하는 유대인의 적개심에 복수심으로 대응하지 않았다. 도리어 그들이 구원 얻기를 간절히 소망했다. 자기 생명을 희생할 각오까지 했다(로마서 9:3). 유대인에 대한 바울의 사랑은 그처럼 각별했다. 유대인이 예수의 이름으로 구원을 얻기 위해서라면 어떤 희생도 치를 수 있다고 생각했다.

> 나의 형제 곧 골육의 친척을 위하여 내 자신이 저주를 받아 그리스도에게서 끊어질지라도 원하는 바로라_로마서 9:3

이 말씀에서 '저주'는 하나님으로부터 끊어지는 것을 뜻한다. 생명과 복의 근원이신 하나님과 단절되는 진짜 죽음을 의미한다. 바울은 골육지친을 구원할 수만 있다면 자신이 하나님으로부터 끊어지는 죽음도 감수하겠다는 각오를 한 것이다. 사랑하는 유대 민족이 예수 그리스도를 믿지 않아 구원의 은혜에서 단절돼 있음을 안타까워한 마음의 깊이를 보여준다.

바울은 '그리스도에게서 끊어질지라도'라고 말하지만, 바로 앞장인 〈로마서〉 8장 39절에서 "높음이나 깊음이나 다른 어떤 피조물이라도 우리를 우리 주 그리스도 예수 안에 있는 하나님의 사랑에서 끊을 수 없으리라"고 단언했다.

하나님의 사람은 세상의 어떤 권세나 두려움이나 피조물이 협박하고 끊으려 해도 하나님의 사랑에서 끊어지지 않는다. 그런데 끊어질 수 없는 것이 만일 끊어진다면 그 고통은 엄청날 것이다. 바울이 끊어질 수 없는 그리스도의 사랑에서 끊어지는 것 같은 고통을 겪는다 할지라도 동족의 구원을 간절히 원한다고 말한 것이다.

자기를 선으로 대하는 사람을 용납하고 사랑하며 섬기는 일은 이방인도 할 수 있다. 그러나 악을 선으로 대하는 건 예수 심장을 가진 사람만 가능한 태도다. 예수님께서 십자가에서 보이신 모습이 극한의 원수조차 품고 사랑하시는 것이었기 때문이다. 얼음 같던 바울이 변화된 자신을 죽음으로 몰아가는 유대인을 용서할 뿐 아니라, 그들의 구원을 위해 자기 목숨까지 바칠 마음을 가진 것은 예수 심장이 그 안에서 작동하고 있었다는 생생한 증거다.

○   **눈물 흘리신 예수님**

예수님의 삶은 참 고단했다. 어머니 마리아부터 출산 직전까지 힘들게 여행했으며, 초라한 마구간에서 예수님을 출산했다. 예수님은 출생 직후 짐승의 먹이통인 구유에 누이셔야 했고 아기들의 목숨을 노리는 군대의 칼날을 피해 피난가야 했다. 공생애를 시작하기 전에는 가난한 목수로서 고달픈 나날을 보냈다.

예수님께서 기적을 행하시고 놀라운 말씀을 전해도 고향 사람에게는 인정받지 못하셨다. 공생애 3년을 성실히 섬기셨지만, 머리 둘 곳도 없으셨다. 제자들은 3년간 예수님의 말씀을 듣고 기적을 체험했지만 완전히 변화되지 않았다. 예수님은 누구보다 삶이 피곤했고 가난했고 고독했으며 서운한 일을 많이 겪었다.

예수님은 이 땅에서 사는 동안 종종 눈물을 흘리셨다. 그러나 자신의 삶이 억울하고 힘들어 우신 것이 아니었다. 예수님의 눈물은 이웃을 위한 것이었다. 예수님은 무덤 속의 나사로를 생각하며 우셨다(요한복음 11:35). 죄의 징벌인 죽음이 얼마나 무서운지 아시기 때문이다. 예루살렘이 멸망할 것을 예견하며 탄식하실 때도 우셨다(누가복음 19:41). 예수님은 목자 없는 양 같은 무리를 보고 우셨다.

예수께서 나오사 큰 무리를 보시고 그 목자 없는 양 같음으로 인하여 불쌍히 여기사 이에 여러 가지로 가르치시더라 _마가복음 6:34

이 말씀에서 예수님이 불쌍히 여기셨다는 말은 "창자가 찢어지는 듯한 아픔을 느끼며 슬퍼하셨다"는 뜻이다. 한자로 단장(斷腸)의 비애(悲哀)라고 하는데, 그 통증은 상상할 수 없이 심하다. 그러실 정도로 무리를 불쌍하게 보신 것이다. 예수님이 눈물이 많으셨던 까닭은 예수님이 긍휼 그 자체이시기 때문이다. 예수님의 심장이 장착된 사람은 예수님의 긍휼이 그 안에 가득하게 된다.

○ **테러리스트에서 사도로!**

예수님의 제자 중에서도 무력으로 독립을 쟁취하자는 열심당원 셀롯인 시몬이 있었다. '셀롯'은 "가슴에 칼을 품고 다니는 자"라는 뜻으로 요즘으로 치면 테러리스트 집단이었다. 이들은 하나님이 선택하신 유대를 정복한 로마를 심판하는 하나님의 대행자를 자처했다. 유대를 해방시키기 위해서서라면 수단과 방법을 가리지 않고 테러를 일삼았던 극단주의자였다. 그들은 메시야가 나타나면 자기들을 이끌고 로마를 전복시킬 것이며 과거 솔로몬의 영광을 재현할 것을 소망하면서 끝까지 로마에 항쟁했다.

그런 열심당원 시몬은 세리 마태와 극단적 원수지간일 수밖에 없었다. 마태는 로마정권을 위해 세금을 징수하던 사람이었고 시몬은 로마정권에 대적하는 사람이었기 때문에, 시몬의 살생부에는 아마 마태의 이름도 기록돼 있었을 것이다. 그럼에도 불구하고 예수님을 따르는 동안 그들은 예수 심장을 동일하게 품으면서 결국 형제가 되었다.

예수님께서 부활하시고 승천하신 후 시몬을 비롯한 제자들은 마가의 다락방에 모여 40일 동안 약속하신 성령을 기다리며 기도에 힘을 다했다. 지금까지 몸은 같이 있어도 마음은 서로 나뉘었던 제자들이 성령님의 강림하심으로 확고히 하나가 된 것이다. 하나가 되는 것은 힘이 더 강한 사람의 의견에 내 뜻을 굽혀서 되는 것이 아니다. 한 성령님이 주시는 한 마음, 같은 비전을 품는 것이다.

시몬은 마태와 같은 마음을 가지고, 예수님을 알지 못하는 이방 나라 사람들을 긍휼히 여기는 마음으로 복음을 전하러 간다. 소아시아를 비롯한 북아프리카, 이집트, 흑해 지역에서 복음을 전했다. 시몬은 최초로 영국에까지 가서 복음을 전했으며, 페르시아에서 복음을 전하다가 복음을 반대했던 폭도들에게 톱으로 죽는 순교를 당했다고 전해진다.

예수 심장을 가진 이는 긍휼의 마음을 가지고 자기와 반대 입장에 선 이도 용납하며, 예수님의 제자들처럼 예수 심장이 필요한 자리로 기꺼이 나아간다.

〈겨울왕국〉의 후반부 줄거리와 결말이 공주가 주인공인 기존의 디즈니 만화영화와 다른 점은 왕자를 통해 갈등이 해결된 것이 아니라는 점이다. 엘사의 눈물이 얼어붙은 동생 안나를 살린 것이다. 자매끼리 한마음으로 사랑을 확인하는 관계 회복을 통해 왕국의 얼음이 녹고 봄이 찾아왔다. 겨울왕국은 결국 눈물이 녹인 것이다. 얼음 심장도 눈물이 녹인다.

싸이코패스처럼 얼어붙은 사람도 사랑의 눈물은 녹일 수 있다. 문제는 사랑의 눈물의 출처다. 이제 그 출처를 또 말할 필요는 없을 것 같다.

16 내 분노가
내 갈 길을 막는다

○ **폭력이 지배하는 시대**

현대를 폭력이 지배하는 시대라고 정의할 수 있다. 분노를 통제하지 못한 폭력사건이 빈번히 일어나고 있다.

하나님께서는 화를 내는 가인에게 죄를 다스리라고 하셨다.

> 네가 선을 행하면 어찌 낯을 들지 못하겠느냐 선을 행하지 아니하면 죄가 문에 엎드려 있느니라 죄가 너를 원하나 너는 죄를 다스릴지니라 _창 4:7

이 말씀은 아벨을 향한 분노가 커져 가인을 삼켜버리지 않도록 주의하라는 말씀이다. 본래 뜻은 죄라는 맹수가 문밖에서 너에게 들어오려고 하는데, 그 문을 단단히 지켜 들어오지 못하도록 지키라는 것이다. 하지만 가인은 죄에게 마음의 문을 열어버렸다. 결국 분노에 사로잡혀 동생 아벨을 죽이고 말았다. 안타까운 사실은, 오늘날에도 자기를 사랑하고 아끼는 연인이나 가족에게조차 분노를 조절하지 못해 폭행하는 사건이 일어난다는 것이다.

〈청춘시대〉(JTBC)는 각종 사회 문제를 곳곳에 배치해 시청자의 공감을 이끌어낸 드라마다. 이 드라마는 특히 데이트 폭력의 위험성을 보여주었다. 예은은 헤어진 전 남자친구를 위해 새벽기도를 하고 돌아오다 의문의 남성에게 폭행당하고 납치된다. 납치범은 놀랍게도 전 남자친구였다. 그는 예은의 손과 발을 꽁꽁 묶어놓고서 김밥을 먹으라고 권한다. 눈물 흘리며 사랑의 고백도 한다. 그러면서도 감정을 조절하지 못하고 예은에게 폭력을 가한다. 다행히 예은의 하우스 메이트들이 기지를 발휘해 전 남친의 집을 찾아내고 예은을 구출해낸다는 게 스토리의 결말이다.

서로 사랑해서 시작한 이성교제가 이 드라마처럼 스토킹을 넘어 학대와 폭력으로 이어지기도 한다. 심지어 살인하는 일도 있었다. 가족 사이에도 그런 끔찍한 사례가 있었다.

○　　　　**부모를 죽이고 불지른 아들**

부모가 약재상 갑부라 경제적으로 어려움 없이 자란 한 소년이 있었다. 어려서 정신병을 앓아서인지 성격이 이기적이고 생

218

활은 문란했다. 청소년기에는 공부에 취미가 없고 담배와 술에 빠져 살았다. 그의 아버지는 교회 장로로서 중고등부 부장이었지만 아들의 삶은 엉망이어서 가정불화도 잦았다. 그랬던 그가 고2 때 여름 수련회에서 '은혜'를 받았다. 그는 방탕했던 지난날을 회개했으며 또래 친구와 부모님 보는 앞에서 새로운 삶을 살겠다고 다짐했다. 열심히 공부한 결과 바닥을 기던 성적이 오르기 시작했고 교회도 잘 다녔다.

부모는 변화된 아들이 대견했다. 그런데 아들이 고3이 되자 교회 직분자인 아버지는 엉뚱하게도 이런 명령을 내렸다.

"앞으로 고3 1년 동안 네 일상을 통제하겠다. 대학 가기 전에는 교회 가지 마라. 교회는 대학 간 다음 나가도 된다."

아버지로서 달라지기 시작한 아들에게 희망을 발견하고 미래를 위해 학업에 매진하라는 의도 때문에 한 말이었을 것이다. 그러나 신앙생활과 학업에 모두 충실하고 싶었던 소년은 "평일에 열심히 공부하면 되고, 주일에 교회 가서 예배하면 훨씬 더 공부 잘 할 수 있다"고 항변했다. 부모는 아들의 말을 묵살했다. 주일에 계속 교회 가려는 아들의 뜻을 꺾으려고 먼 곳으로 이사까지 가버렸다. 그럼에도 소년이 계속 교회를 다니자 때리기까지 했다. 부모와 아들의 생각이 완전히 뒤바뀐 셈이 됐다.

부모의 강압적 태도에 소년의 마음은 다시 완악해졌다. 서울 강남의 유명 고등학교에 다니던 소년은 공부에 흥미를 잃고 말았다. 지방의 대학을 다녔으나 견디지 못했고, 군대를 다녀왔으나 방황은 계속됐다. 부모는 그를 출석하던 교회의 목사와 의논해 미국으로 언어 연수를 보냈다. 소년은 오히려 마약과 도박에 손을 대면서 수천만 원의 빚을 지고 말았다. 이 소식을 들은 부모는 크게 분노했다. "계속 속을 썩이니 호적에서 파버리겠다! 너는 아무 일도 할 수 없는 놈이다"라고 수시로 엄포했다. 그 말에 유산을 한 푼도 못 받을까봐 두려워진 그는 한밤중에 잠자는 부모를 40군데나 찔러 죽였다. 부모의 사체에 휘발유를 끼얹어 불을 지른 후 소방서에 화재 신고까지 했다.

이것이 1994년 5월 19일 새벽에 일어난 박한상 사건의 개요다. 이 끔찍한 사건은 영화 〈공공의 적〉의 모티브가 되기도 했다. 박 군이 교회를 다녔다는 사실을 처음 안 독자도 많을 것 같다.

그를 긍휼히 여겨 오랜 시간 면회를 다니며 복음을 전하려 한 전도자들의 노력에도 불구하고 그는 전혀 달라지지 않았다. 자기 잘못에 대해 죄책감을 갖지 않고, 오히려 짐승을 죽였다며 태연하기까지 했다. 극도로 실망한 전도자들이 "이렇게 악한 심령은 처음 보았다"며 탄식했다.

이런 비극은 화인 맞은 심장이 예수 심장으로 변화되지 않았기 때문에 일어난 일이라고 짐작된다. 이렇게 극단적인 일까지는 아니더라도, 폭력은 누구나 저지를 수 있는 일이다. 지금은 비록 얌전해 보여도, 예수 심장으로 변화되지 않으면 자기도 모르게 쌓인 분노가 폭발할 수 있기 때문이다.

○　　　**외로운 늑대의 등장**

　　최근 우리나라에서도 불특정 다수를 대상으로 한 '묻지마' 식의 폭력 사건이 빈번하게 일어나고 있다.

　2008년 2월 10일. 서울의 남대문으로 불리는 숭례문 전체가 발화 5시간 만에 완전 소실되는 어처구니없는 사건이 일어났다. 토지보상문제에 불만을 품은 범인이 숭례문에 불을 붙인 것이다. 32대의 소방차와 128명의 소방관이 출동했지만 화재진압에 실패해 완전히 붕괴되었다. 서울 도심 한 복판에서 일어난 사건인지라 안전지대가 없다는 공포심이 확산되었다.

　2003년 2월 18일. 대구 도시철도 1호선 중앙로역에서 방화사건이 일어났다. 정신에 문제가 있던 범인이 인화성 물질이 든 녹색 플라스틱 우유통에 불을 붙인 채 객차 안에 던져 화재가 발생한 것이다. 이로 인해 192명의 사망자와 21명의 실종자, 그리고 151명의 부상자가 발생하는 초유의 지하철 화재사건이 일어났다. 자기를 힘들게 한 특정인이 아니라 일반인을 대상으로 한 범죄라 충격이 더 컸다. 누구라도 이런 범죄의 표적이 될 수 있기 때문이다.

　2016년 5월 17일. 서울 강남역 여자 화장실에서 살인사건이 일어났다. 범인은 새벽에 여자화장실 안에 들어가 있다가 누구든 가장 먼저 들어오는 여자를 무조건 살해하기로 마음먹었다고 한다.

　많은 이들이 이 사건에 대해 분노하면서도 두려워한 까닭은 우선 불특정 여성에 대한 혐오에 의해 어떤 여성도 피해자가 될 수 있었다는 점과, 사건 현장이 서울에서도 유동인구가 가장 많은 강남 한

복판이었기 때문이다. 범인은 조사 과정에서 "사회생활할 때 여성에게 무시당했고 그로 인해 범행을 계획했다"고 밝혀 사회를 떠들썩하게 했고, 이른바 '여성 혐오 논쟁'을 불러 일으켰다.

범죄학에서는 이렇게 특정 대상이 아닌 일반인에게 폭력을 행사하는 범인을 '외로운 늑대'라고 표현한다. 외로운 늑대는 조직에 의해 만들어진 것이 아니라 스스로 테러리스트가 됐다고 하여 '자생적(自生的) 테러리스트'로 분류하는데, 원래는 1996년 러시아 남부를 기습한 체첸 반군이 자신을 지칭하는 용어였다. 1990년 중반 미국에서 활동하던 극우 인종주의자 엘릭스 커티스가 이 표현을 사용하기 시작해 일반화됐다. 이후 전세계적으로 자생적 테러리스트, 외로운 늑대에 위한 테러가 줄을 잇고 있다.

외로운 늑대에 의한 대표적 테러 사건으로 1955년 미국 오클라호마시티 연방 청사 테러 사건, 2012년 프랑스 툴루즈의 유대인 학교 총기 난사 사건, 2013년 보스턴 마라톤 테러 사건, 2014년 호주 시드니 도심 카페 인질극 등이 있다. 이외에도 2016년 6월 미국 플로리다 주 올랜도 게이클럽에서 총기난사 사건으로 20명이 사망했고, 2017년 프랑스의 휴양지 니스에서는 축제현장에 모인 관광객에게 트럭이 돌진해 84명이 사망했다. 2017년 1월에는 독일의 베를린에서 일어난 테러로 12명이 사망하고 48명이 부상당했다. 이런 테러는 최근 들어 급증하고 피해 규모도 커지고 있다. 이전의 테러와 전혀 다른 새로운 방식의 테러를 자행하면서 세계적인 불안감과 공포는 커지고 있다.

○　　　**폭력에 해결책은 없는가?**

　　외로운 늑대가 생기는 원인은 복합적이다. 잘못된 가치관과 폭력을 부추기는 사회의 불평등 문제와 개인의 불우한 상황까지 합쳐진 것이다. 이 문제를 해결하기 위해 전세계 국가들은 공공복지를 비롯한 여러 분야에 엄청난 투자를 하고 있다. 21세기 들어 본격화하기 시작한 테러와의 전쟁에서도 상상을 초월하는 경비를 들이고 있지만, 수그러들기는커녕 확산되고 있어 문제는 여전하다.

　　외로운 늑대의 분노는 감시시스템을 높이고 범죄자에게 엄격한 형벌을 집행한다고 해결될 일이 아니다. 개인의 폭력 범죄에서 공통적으로 발견되는 원인은 소외감이라고 한다. 보호받지 못하고 인정받지 못한 채 자라온 것에 대한 반발 심리로 폭력 성향이 커진 것이다. 말하자면 소외감에서 오는 두려움을 해결하려고 폭력이라는 극단적 방법을 선택한 것이다. 자기 존재감을 알리고, 다른 이로부터 주목을 받기 위해 폭력을 행사하는 것이다.

　　그들의 두려움이 낳은 폭력성은 사회 복지 제도를 정비하거나 부의 균등분배를 통해 약간은 완화될지 모르지만 근본적으로 해결할 수는 없다. 복지시설이나 제도가 잘 갖추어진 선진국에서도 '묻지마 테러'가 빈번하게 발생하는 것을 보면 사회 시스템의 문제가 진정한 해결책이 아님을 보여준다.

　　노르웨이는 살기 좋은 나라 순위에서 세계 1,2위를 다투는 대표적 복지국가다. 요람에서 무덤까지 복지가 완벽하게 보장된 나라이지만 끔찍한 테러사건이 일어난 적이 있다. 2011년 7월 22일 경찰

복장을 한 32세 노르웨이 청년 레이비크가 총리 관저 바깥에 폭탄을 실은 차량을 폭파시키고, 오슬로 외곽 우토야 섬의 청년집회에서 76명을 사살했다. 충격을 금치 못할 일이었다. 이로 인해 완전한 복지가 개인의 소외감을 완전히 해결할 수 없으며, 폭력이 교육이나 캠페인 또는 처벌을 통해 해결할 단순한 문제가 아닌 것을 증명한 셈이 됐다.

○ **폭력의 근본에서 답을 찾다**

폭력을 개인 문제로 치부하거나 사회적 문제로 전가시키는 것은 올바른 태도가 아니다. 폭력의 근본 문제는 상황과 환경 탓이 아니다. 상처받고 분노로 채워진 사람의 심장이 얼음처럼 차갑기 때문이다. 얼음 심장이 작동하고 있는 것이다.

차가운 심정은 두려움에 떨게 만든다. 결국 모든 폭력은 두려움이 만든다. 자기 안의 두려움에서 벗어나기 위해 폭력이라는 방법을 사용하는 것이다. 그러므로 세상에 폭력이 사라지게 하려면 그들의 두려움이라는 문제부터 해결해주어야 한다.

그러면 두려움은 어떻게 해야 사라지는가? 더 강력한 힘을 보유하거나, 더 많은 물질을 보유하는 것으로 두려움이 해결되지는 않는다. 두려움을 완전히 해결하려면 사랑 안에 거하는 길밖에 없다. 온전한 사랑 안에 들어갈 때 두려움은 사라지게 된다.

> 사랑 안에 두려움이 없고 온전한 사랑이 두려움을 내쫓나니 두려움
> 에는 형벌이 있음이라 두려워하는 자는 사랑 안에서 온전히 이루지
> 못하였느니라 _요한일서 4:18

세상에는 많은 종류의 사랑이 있지만, 사랑이라고 다 온전한 사랑이 아니다. 정말 완벽해 보이는 친구와의 우정도, 결코 식지 않을 것 같은 남녀간의 사랑도 식고 변하기 때문이다. 가장 위대한 사랑이라는 부모와 자녀 사이의 사랑도 때로는 흔들릴 수 있다.

세상의 사랑에 의지하는 건 오래가지 못한다. 두려움을 없애는 온전한 사랑은 예수 그리스도의 사랑뿐이다.

> 여인이 어찌 그 젖 먹는 자식을 잊겠으며 자기 태에서 난 아들을 긍휼
> 히 여기지 않겠느냐 그들은 혹시 잊을지라도 나는 너를 잊지 아니할
> 것이라 _이사야 49:15

그러므로 누구나 그리스도 예수의 사랑 안에 들어가야 한다. 예수 안에 들어가 예수 심장이 그 안에서 작동되면 지옥불처럼 강렬한 분노와 두려움에 사로잡혀 살아온 누구라도 변화될 것이다.

영화 〈벤허〉의 주인공 벤허는 로마인 친구 메살라에게 모든 것을 빼앗긴다. 가문의 재산을 몰수당하고 어머니와 여동생은 토굴에 갇히고 만다. 벤허 또한 노예선에 압송되면서 풀기 힘든 분노를 품게 된다. 극적 반전으로 벤허가 살아 돌아와 전차 경주를 통해 통쾌하

게 복수하지만, 메살라는 죽어가면서도 벤허의 어머니와 여동생이 나병에 걸렸다며 벤허의 분노에 부채질한다.

벤허는 어머니와 여동생을 고치기 위해 기적을 일으킨다는 나사 렛의 예수를 찾아나서는데, 그는 하필 십자가에 처형당하게 돼 끌려가는 중이었다. 십자가를 지고 가다 쓰러진 예수에게 물을 주려던 벤허는, 예수가 이전에 자기가 노예로 끌려갈 때 물을 주던 바로 그 목수임을 깨닫게 된다. 십자가에서 죽어가는 처절한 현장에서도 자기를 못 박는 이들을 용서해달라고 외치는 예수의 음성이 결국 벤허의 심장을 변화시킨다.

십자가 처형 이후, 집으로 돌아온 그는 여동생과 어머니가 나병에서 깨끗이 치유돼 돌아온 모습을 보게 된다. 목수가 십자가에서 용서를 선포하며 죽어간 순간 자기 손에서 복수의 칼이 사라지는 것을 느꼈다고 벤허는 고백한다.

벤허가 메살라에게 잔인하게 복수해도 분노는 사라지지 않았다. 지우기 어렵던 벤허의 분노는 예수 심장의 피가 흘러들어올 때 마침내 사라질 수 있었다.

○ **일상의 폭력, 언어 폭력**

몸을 아프게 하는 것만 폭력이 아니다. 마음을 아프게 하는 욕설도 폭력이다. 그런데 우리나라 청소년의 일상 대화는 대부분 욕설로 이루어진다. 교육과학부와 여성가족부가 공동 조사한 결과 청소년의 73.4퍼센트가 욕을 하는 것으로 나타났다(2011년 국무회의 여성가족부 보고자료). 청소년이 욕을 하는 이유는 '습관이라서'(25.7퍼센트), '남들이 하니까'(18.2퍼센트), '스트레스를 해소하려고'(17.0퍼센트), 친구 사이에 친근함을 표현하려는 의도(16.7퍼센트) 때문이었다. 그러니 욕하지 않는 청소년이 특별하게 보일 정도다.

이 자료를 참고하지 않더라도 청소년의 욕설이 심각하다는 건 우리가 피부로 느끼고 있다. 청소년끼리 하는 말로 '쫄깃쫄깃한'(말하고 듣기에 아주 부담스러운) 욕을 잘 구사할수록 또래에게 인기를 더 얻고 영향력을 행사할 수 있다고 한다. 그러니 더 심하고 창의적(?)인 욕설을 경쟁적으로 만드는 추세다. 욕의 의미가 무엇인지 잘 모를 때 그 욕을 더 자주, 함부로 사용하는 것 같다.

안타깝게도 자극적이고 폭력적인 욕설이 성장기 청소년의 뇌세포 생성에 악영향을 끼친다는 사실을 청소년들은 알지 못한다. 청소년이 거친 언어를 들으면 두뇌에 문제가 생기는데, 욕하는 당사자 역시 피해를 입는다. 자기가 하는 욕을 본인도 듣기 때문이다. 언어 폭력은 욕을 하든 듣든 모두 피해자로 만드는 것이다.

욕설은 사람의 마음속에 자란 폭력이 언어로 분출하는 것이다. 심리학자에 따르면, 사람은 태어나서부터 16세가 될 때까지 자신에 관해 부정적 메시지는 17만 3천 개, 긍정적 메시지는 1만 6천 개를 받는다고 한다. 하루에 부정적 메시지는 평균 30개인 데 반해 긍정적 메시지는 3개에 불과한 셈이다. 그러니 어려서부터 나를 긍정하는 말보다 부정하는 말을 훨씬 많이 듣는 것이다. 문제는, 우리가 듣는 부정적 메시지들이 우리도 모르는 사이에 우리 안에 부정적 자아상을 형성하는 것이다. 받아들이든 안 받아들이든, 나쁜 말은 듣는 사람뿐 아니라 그 말을 하는 사람 본인도 나쁜 영향을 받는다. 자존감이 낮아지고 인간관계를 어렵게 만들어 결국 실패하고 좌절하는 삶을 살게 만든다. 그러므로 남에게 하고 싶은 말이라고 함부로 다 말해선 안 된다. 그런데 어떤 이는 아주 매몰찬 말을 하면서도 당당하다.

"내가 없는 소리를 하느냐고?!"

자기가 하는 말에 근거가 있다는 뜻이다. 물론 사실일 수 있다. 하지만 아무리 무능한 사람도 그만의 장점이 있다. 왜 장점은 안 보이고 하필 단점만 보이는가? 장난으로 하는 말이라도 악담은 상처를 줄 수 있다. 이왕이면 위로하고 격려하며 자신감을 충전시키는 말을 하면 어떨까?

사람마다 각자 특별한 성격이 있다. 어떤 이는 습관적으로 공격적인 말을 하는 성격이다. 어떤 이는 늘 불평과 원망을 늘어놓는다. 상대를 깎아내리고 약점을 들춰내 웃음거리로 삼으려는 성격이 강한 사람은 수준 낮은 것이다. 분위기를 띄우기 위해 농담하려고 나쁜 말을 하려는 거면 차라리 썰렁한 아재개그가 낫다. 이왕이면 좋은 말을 해주자. 좋은 사람은 평소에 좋은 말을 한다.

아히마아스는 압살롬의 패전 소식을 전하러 다윗에게 달려갔다. 멀리서 소식을 전하러 달려오는 사람이 아히마아스인 것 같다는 보고를 받자 다윗은 이렇게 말한다.

파수꾼이 이르되 내가 보기에는 앞선 사람의 달음질이 사독의 아들 아히마아스의 달음질과 같으니이다 하니 왕이 이르되 그는 좋은 사람이니 좋은 소식을 가져오느니라 하니라 _사무엘하 18:27

아히마아스는 언제나 좋은 소식만 알려주는 사람이었다. 그래서 다윗은 아들 압살롬이 죽은 그날에도 그가 좋은 소식을 전해줄 거라고 기대했던 것이다. 우리도 아히마아스 같은 사람이 되면 좋지 않을까.

예수 심장을 가진 기독교인은 말로 이웃을 축복하고 칭찬함으로써 섬기는 삶을 살아가는 사람이다. 예수 믿는 사람은 언제 어디서나 말을 통해 따뜻하게 격려하고 위로하는 역할을 감당해야 한다. 그러면 세상이 아무리 험악해도 평화로운 분위기를 만드는 피스메이커로서 살아갈 수 있다.

○ **나의 분노가 나의 길을 막는다**

아무리 스스로 노력해도 인생이 풀리지 않는다는 느낌이 들 때는 먼저 자신을 자세히 조사하고 돌아보아야 한다.

우리가 스스로 우리의 행위들을 조사하고 여호와께로 돌아가자

_예레미야애가 3:40

특별히 우리 안에 분노의 감정이 남아 있는지 살펴야 한다. 미움, 불신, 원한의 감정이 조금이라도 있으면 하나님의 은혜를 온전히 누릴 수 없기 때문이다. 누군가를 미워하는 마음에 사로잡혀 있으면, 아무리 울부짖고 금식하고 철야를 해도 안 된다. 그러니 자신을 위해서라도 적개심이라는 자기 안의 불을 꺼야 한다. 하지만 결심만으로 그 불을 진압하기는 어렵다. 용서하고 싶지만, 생각할수록 분하고 원통해 적개심의 불은 강렬해지기만 한다.

원한과 원망의 불길을 진압할 유일한 소방수는 예수 심장에서 흘러나오는 보혈뿐이다. 예수의 피라야 어떤 분노의 불길도 제압할 수 있다. 예수의 피가 내 속에 오랫동안 똬리처럼 자리잡은 상처, 열등감, 어두운 영들을 모두 제거하고 소멸시킬 수 있다. 그 자리에 하나님의 영광이 임하시고 하나님이 비로소 일하기 시작하신다.

17

상처 택배는
거부하세요

○ **통증의 진짜 원인**

얼마 전만 하더라도 나는 오십견 때문에 큰 통증을 겪었다. 오른쪽 어깨에 통증이 시작되더니 5개월 동안 지속되었다. 오십견이란 특별한 외상(外傷)이 없는데 어깨에 통증이 오는 병이다. 그 시절 어느 날, 장례식장에 조문하러 가는 길에 고속도로 휴게소를 들렀다. 주차하고 화장실로 가다가 무심코 바닥에 놓인 호스를 발로 밟았다. 그 순간 몸이 움찔했고, 오른쪽 어깨에 심한 통증을 느꼈다. 발이 삐끗해 몸이 균형을 잃으면서 통증을 느끼게 된 것이다. 다른 이에게는 아무 문제 안 되는 호스가 내게는 엄청난 고통을 안겨준 것이었다. 호스가 나를 공격해서 통증을 느낀 게 아니었다. 호스는 평범했다. 날카로운 칼도 묵직한 흉기도 아니었다. 그럼에도 불구하고 통증을 느낀 것은 오십견 때문이었다.

지금 내가 아파하고 있는 통증의 원인이 어쩌면 주변 환경이나 다른 사람이 아닐 경우가 많다. 내가 고통받는 이유는 오십견처럼 내 심장이 튼튼하지 못한 때문일 수 있다. 내가 충분히 강하지 않기에 잘못을 지적하는 작은 말 한마디도 견디지 못하고 불면의 밤을 지내는 것이다. 그래서 마음을 다치면 곧잘 하는 말이 이것이다.

"나. 상처받았어요!"

오늘날 현대인이 전가의 보도처럼 사용하는 말이다. 자기 마음이 다쳤으니 보호하고 지켜달라는 것이다. 하나님이 없는 사람은 얼마든지 이런 말을 할 수 있다. 그들의 마음에 하나님이 계시지 않으니 마음속의 상처가 쉽게 치유되기 어렵다. 특별한 치유 프로그램을 통해 고통이 완화되면 증세가 사라진 것처럼 느낄 수도 있지만, 진통효과가 사라지고 문제와 다시 대면하면 상처라는 몬스터는 스멀스멀 되살아나 결국 그 사람을 지배한다.

○   **부러진 네 팔이 문제다**

학교에서 학생들이 가장 강력한 전투력을 발휘할 때는 급식시간이 시작될 때다. 반찬이 고기인 날이면 남학생의 전투력은 더 격렬히 불타오른다.

한 남학생이 점심시간에 급식소를 향해 달리다 계단에서 발을 헛디뎌 넘어졌다. 넘어질 때 팔꿈치를 바닥에 세게 부딪쳤다. 밥을 먹는 동안은 팔이 아픈 걸 느끼지 못했다. 점심시간이 지나 비로소 팔이 아픈 것을 느낀 그는 담임선생님께 말씀드리고 조퇴했다.

집으로 가는 길에 버스 운전기사가 급브레이크를 밟았다. 서 있던 그는 넘어졌고, 그 위로 다른 승객들이 쓰러지면서 그의 다친 팔을 눌렀다. 그 순간 그가 느낀 고통은 극심했다.

집으로 돌아와 힘들게 옷을 갈아 입고 병원으로 가려고 허둥거리다, 이번에는 그만 옷장 모서리에 다친 팔꿈치를 부딪쳤다. 엄청난 통증을 또 느꼈지만 자기 실수였기에 어디 화낼 데도 없었다.

집을 나와 횡단보도를 건널 무렵 신호가 바뀌려 했다. 급히 건너려다 발이 엇갈려 아스팔트 위에 쓰러지고 말았다. 이번에는 다친 팔꿈치가 노면에 닿아 팔이 끊어질 듯한 통증을 느껴야 했다.

버스에서 같이 넘어진 승객들이 이 학생에게 고통을 준 건 맞지만 근본 이유는 아니다. 그의 팔이 아픈 게 진짜 문제였다. 정상이었다면 약간의 압박감은 느꼈겠지만, 그렇게 심한 통증을 느끼지 않는다. 그러니 이 학생이 승객들에게 항의했다면 어리석다. 옷장이 아프게 했다고 망치로 때려 부순다면 정상이 아니다. 아스팔트에 화풀이하는 것도 마찬가지다. 아스팔트는 항상 거기 있었다. 아스팔트에 쓰러졌다고 모든 사람이 그처럼 통증을 느끼는 것은 아니다. 술에 만취한 사람이 하는 말이 있다. 자기는 가만히 서 있는데 갑자기 아스팔트가 일어나더니 자기 뺨을 세차게 때렸다고.

급식시간에 팔을 다친 학생이 어딘가에 부딪힐 때마다 통증을 느낀 이유는 팔을 다쳤기 때문이다. 팔이 완전히 치료되기 전에는 팔에 무엇이 닿기만 해도 아픔을 느낄 것이다. 내가 오십견 때문에 호스를 밟은 것만으로 통증을 느낀 때와 마찬가지다. 그러므로 그 학생도 다른 사람과 환경을 탓할 게 아니라 다친 팔이 빨리 회복되는 것이 급선무다. 아픈 팔이 우선 나아야 어지간한 데 부딪혀도 통증을 견딜 수 있다. 사람들과의 관계에서 자주 상처를 입는다면, 혹시라도 내 안의 상처가 문제의 본질은 아닌지 생각해보자.

○　　**그건 제 것이 아니에요!**

이따금 택배가 잘못 배달되는 경우가 있다. 내가 주문하지 않은 것인데 내 주소로 온 물건이면 받으면 안 된다. 도둑으로 오해받을지도 모를 일이다. 그럴 때는 돌려보내면 그만이다. 내게 필요 없는 물건을 받아두는 건 심히 어리석다. 내게 상처를 주는 말과 사건이 잘못 배달된 택배처럼 내 문을 두드릴 때는 내가 받을 것이 아니라고 수취 거부를 해야 한다. 내 집 안에 들이지 말아야 하는 것이다. 상처가 되는 말이 일단 내게 들어오면, 그 상처는 시간이 지날수록 커져 결국 나를 삼켜버리고 만다.

암탉이 계란을 품으면 병아리가 태어난다. 만일 독수리의 알을 품었다면 독수리가 태어날 것이다. 암탉이 품은 알이 누구의 알인지가 중요하다. 상처 되는 말, 아픔이 되는 이야기를 자꾸 생각하는 것은 상처라는 독수리의 알을 닭인 내가 품는 것이다. 내 생각의 에너지로 상처를 부화시키는 셈이다. 내 것이 아닌 알에서 내가 통제

할 수 없는 우울증이 만들어진다면 결과는 참혹하다. 알에서 태어난 독수리가 나를 물 것이다.

마찬가지로 상처가 될 말이나 사건은 우리 안으로 일절 들여보내선 안 된다. 마음의 문을 두드려도 "수취불가!"를 외쳐라. 이 방법이 스스로 나를 보호할 최후의 방어선이다. 나라는 마지노선이 무너지면 누구도 나를 지켜줄 수 없기 때문이다. 그러므로 누군가 나에게 상처를 주는 말을 할 때마다 우리는 단호하게 거부해야 한다.

"그건 나에게 맞는 이야기가 아니에요. 상처 주는 그 말은 내 것이 아니에요!"

우리는 내게 상처를 주는 생각과 말을 받아들이지 말고 돌려보내야 한다. 하지만 상처를 주는 사건이나 말은 좀처럼 돌아가지 않는다. 우리에게 상처를 주려고 작정했기에 지속적으로 공격한다. 그렇다 하더라도 항상 단호하게 선포해야 한다.

"아니오! 괜찮습니다. 그건 제 것이 아니에요!"(No, Thank You. That is not mine!)

내가 나를 지키는 최고의 방법은 사실 따로 있다. 예수의 마음으로, 예수 심장으로 말씀을 알처럼 품고 주야로 묵상하는 것이다. 그 말씀이 삶과 생각으로 부화되면 나의 모든 것을 보호하실 것이다.

○ **너희가 나쁜 게 아니야**
　《애들아 너희가 나쁜 게 아니야》(미즈타니 오사무 지

음, 에이지21는 일본의 한 고등학교 교사가 13년간 밤거리에서 만난 청소년의 이야기를 담은 책이다. 저자는 '밤의 선생님'으로 불리는 미즈타니 오사무다. 그는 밤거리를 배회하는 아이들에겐 교육이 필요 없다는 동료 교사의 말에 반발해 야간고등학교로 자진 전근해 간다. 그는 밤에 무작정 거리로 나갔다. 거리를 헤매는 청소년들에게 말을 걸고 그들을 도와주는 일을 했다. 그를 통해 수렁을 빠져나온 아이가 5천여 명에 이르렀다. 그는 이 일을 하면서 마약매매상의 흉기에 찔리는 등 숱한 위험을 겪었지만, 그의 헌신으로 마약조직원, 성폭력범, 원조교제, 조직 폭력배, 폭주족으로 전락했던 아이들이 새 출발을 하게 되었다.

오사무 선생님이 방황하는 청소년들에게 건넨 말은 이것이었다.

"너희가 나쁜 게 아니야."

환경을 원망하고 삶을 비관하여, 그에 대한 반발로 자기를 학대하는 청소년들을 위로한 말이었다. 오사무 선생님은 거리를 방황하는 청소년들을 이 말로 격려하고 위로하면서, 청소년이 자신을 돌아보고 새로운 삶을 시작하도록 도왔다.

문제 청소년은 일차적으로는 사고를 저지른 청소년 자신에게 잘못이 있지만, 그 책임을 해당 청소년에게만 지울 수 없다. 문제 청소년의 배후에는 반드시 문제 부모가 있기 때문이다. 제대로 보호하지 못한 부모가 연대책임을 져야 하는 것이다. 따라서 문제를 일으킨 청소년에게 "네 잘못이 아니야"라고 말해줄 수 있는 것이다.

○　　　　　**네 잘못이 아니란다**

　　MIT 공대에서 청소부로 일하는 윌 헌팅(맷 데이먼)은 정규교육을 받아본 적이 없고 불량한 친구들과 어울려 지내지만 수학에는 놀라운 재능을 지닌 천재다. 대학교에서 청소 아르바이트를 하다 복도에서 우연히 본, 대학원생에게 출제된 어려운 수학 문제를 간단히 풀어버릴 정도다.

　하루는 폭행사건으로 체포된 윌의 재능을 알아본 제럴드 램보 교수(스텔란 스카스가드)가 윌을 감독하겠다는 조건으로 석방시킨다. 램보 교수는 상담가들에게 윌을 소개하는데, 윌은 천재적 능력으로 상담가들을 조롱한다. 램보 교수는 포기하지 않고 심리학 교수 숀 맥과이어(로빈 윌리엄스)에게 그를 보낸다. 숀 교수에게도 윌은 태도가 건방지고 여전히 부정적이다. 숀이 아내가 죽고 난 후 복잡한 심정까지 고백해도, 윌은 얄팍한 지식으로 숀의 아내를 모욕하기까지 한다. 윌은 그럴 정도로 비뚤어지고 무례했다. 그래도 숀 교수는 포기하지 않고 상담을 지속하며 윌에게 이 말을 반복했다.

　"네 잘못이 아니야(It's not your fault)."

　윌은 처음 이 말을 들었을 때는 무시했다. 두 번째 들을 때는 화를 내기까지 했다. 그러나 숀은 내색하지 않았다. 반복해서 "네 잘못이 아니야"라고 말하자 윌은 통곡한다. 불우한 가정사 때문에 상처받아 마음의 문을 굳게 닫고 있던 윌이 무장해제되는 순간이었다. 숀 교수는 우는 윌을 안으며 또 거듭 말한다.

　"It's not your fault. It's not your fault. It's not your fault…."

사람들은 윌의 잘못을 책망하기만 했다. 무례한 태도를 문제 삼기만 했다. 하지만 숀 교수는 꾸짖기만 하지 않았다. 윌이 비뚤어진 이유가 그의 잘못이 아니라고 보듬어준 것이다. 숀의 배려는 윌 안에 있던 상처의 뿌리를 캐내고 마음을 홀가분하게 만들었다. 윌은 마음의 상처를 씻고 새로운 삶을 시작한다. 영화 〈굿 윌 헌팅〉의 줄거리다.

고통의 근본이 치유되지 않으면 숨은 상처와 아픔은 언제든 드러난다. 아픔으로 얼룩진 자기 내면이 먼저 치유되어야 한다.

사람은 예수 심장에서 흘러나오는 은혜가 임할 때 비로소 과거의 고통과 상처로부터 자유하게 된다. 예수 심장의 피가 흐르기 시작할 때 얼음 심장은 녹고 긍휼의 예수 심장이 사랑으로 모든 것을 대하게 한다. 내 안의 하나님 나라는 그 지점에서 시작한다.

○　　　　용서에서 섬김까지

예수 심장이 제대로 장착된 사람은 어떤 환경에도 굴하지 않고 당당해진다. 심장이 튼튼해지면 어떤 모진 상황도 담담하게 반응할 것이다. 상대방이 고의적으로 해하려 하여도 그것 때문에 마음을 다치지 않는다. 삶이 송두리째 무너질지라도 흔들리지 않는다.

예수 심장의 능력이 우리 가운데 임하게 될 때 과거의 모든 상처는 비로소 소멸된다. 예수 심장이 우리 안에서 강력하게 역사하면 모든 원망과 불평과 적개심이 사라진다. 나에게 해를 끼친 이를 용서하는 것으로 끝나지 않고 도리어 섬길 수 있게 된다. 예수 심장에서 나오는 그리스도의 피가 사랑할 수 있는 마음과 섬길 수 있는 능력을 갖게 하는 탓이다.

예수 심장의 능력으로 이전에는 도저히 불가능했던 새로운 삶이 가능해진다. 예수님 때문에 시작된 용서와 섬김은 주변에도 영향을 끼칠 것이다. 예수 심장을 가진 사람의 주변은 천국이 될 것이다. 그러므로 나만 편안하게 살라고 예수 심장을 내게 주신 것이 아니다. 나를 통해 모든 이에게 예수 심장이 임하도록 하시기 위함이다. 차가운 얼음 심장을 긍휼과 사랑의 눈물로 녹여 천국을 누리게 하시려는 것이다.

얼음 심장은 흉한 범죄자에게만 있는 것이 아니다. 아담 이래로 태어나서부터 죄를 유전 받은 우리 모두에게 존재한다. 죄로 말미암아 죽을 수밖에 없던, 예수 믿기 전의 심장은 전부 얼음 심장이었다. 다만 그것을 모르거나 인정하지 않고 살아왔을 뿐이다. 이제 그얼음 심장을 눈물 심장으로 바꿔야 한다. 긍휼 심장인 예수 심장이 새롭게 박동해야 할 때다. 그렇게 될 때 혹독하고 광포한 폭력의 역사로부터 우리가 자유하게 되고 온전해질 것이다. 우리 모두의 옛 얼음 심장 대신 긍휼의 심장, 예수 심장이 새롭게 작동되게 하소서!

18

사과나무는
사과를 먹지 않는다

○　　**사랑을 지속하는 법**

　　드라마 〈천국의 계단〉에서 남자 주인공이 여자 주인공
에게 부메랑 던지는 법을 가르쳐주는 장면이 있었다. 드라마의 마
지막 장면에서, 남자주인공은 먼저 세상을 떠난 여주인공을 생각하
면서 힘차게 부메랑을 던진다. 그러면서 말한 이 대사가 공전의 히
트를 쳤다.

　　"사랑은 돌아오는 거야!"

　　부메랑은 사라지지 않는다. 자기를 던진 주인에게 반드시 돌아온
다. 그처럼 선도 베풀면 반드시 부메랑처럼 열매를 맺게 된다. 무엇
이든지 심은 대로 거두는 법이다.

　　한 왕국의 왕이 어린 왕자와 함께 사냥을 떠났다. 왕은 사냥에 집

중했지만 왕자는 사냥에는 흥미가 없어 강물을 따라 홀로 산책하고 있었다. 그러다 미끄러운 강가에서 다리의 균형을 잃고서 강물에 빠지고 말았다. 왕자는 허우적거리며 필사적으로 살려달라고 외쳤지만 사냥에 여념이 없던 왕과 일행에게 들리지 않았다.

하염없이 강물을 떠내려가던 왕자는 다행히 흘러가는 나무덩치를 붙들고 떠내려가다 강 중앙의 작은 무인도에 이르렀다. 모래섬이었기에 나무도 없고 먹을 것도 없었다. 절망하는 왕자의 눈에 자루 하나가 강 상류로부터 떠내려오는 것이 보였다. 겨우 손을 뻗어 자루를 열어보니 딱 하루분량의 곡식이 담겨 있었다. 신기하게도 하루분량의 곡식이 담긴 자루가 날마다 떠내려왔다. 날마다 떠내려온 그 자루 덕에 왕자는 무려 1년을 버틸 수 있었다.

왕자가 사라진 다음, 온 나라가 왕자를 찾았으나 찾지 못했다. 1년이 지난 어느 날 왕의 꿈에 왕자가 나타났다. 꿈에서 왕자는 하루에 한 번씩 강에서 흘러내려오는 곡식 자루에 의지해 잘 살고 있다고 말했다. 왕은 왕자가 보여준 자루에서 자루의 주인 이름을 발견한다. 꿈에서 깬 왕은 사람을 동원해 그 이름의 주인공을 수소문했다. 찾아보니 그는 농부였다. 그는 매일 하루분량의 곡식을 자루에 넣어 강물에 띄워 보냈다고 말한다. 그 지점을 시작으로 강물이 흘러가는 곳을 추적해 마침내 왕자를 찾을 수 있었다.

농부는 아버지가 "너는 네 떡을 물 위에 던져라 여러 날 후에 도로 찾으리라"고 교훈해주신 대로 실천한 일일 뿐이라고 말했다. 농부의 아버지가 들려준 말씀은 바로 전도서 11장 1절 말씀이었다. 왕은 크게 기뻐하며 농부에게 커다란 상을 내려주었다. 농부는 물 위에 던진 것 이상으로 큰 상을 돌려받았다. 이 이야기는 우리가 수고한 만큼 얻게 되는 것은 당연하다는 교훈을 들려준다. 그러나 우리 삶에는 수고와 노력에도 불구하고 보상받지 못하는 일이 사실 더 많다.

학생이 열심히 공부했지만 성적이 좋지 못할 수 있다. 사업에 최선을 다했는데 실패할 수 있다. 헌신적으로 뜨겁게 사랑했지만 관계가 깨질 수 있다. 정성을 다해 섬겼는데, 베풀고 나눈 열정에도 불구하고 배신을 당하는 건 견디기 힘들다. 하지만 예수 심장을 품은 사람은 그래도 지속적으로 사랑하고 섬길 수 있다.

○ **사과나무는 사과를 먹지 않는다**

안동의 대학교에 진학한 광윤이라는 제자로부터 전화가 왔다. 그는 대학교를 다니며 출석하는 교회에서 유초등부 4학년 교사로 봉사하고 있었다. 그는 맡은 학생들을 최선을 다해 섬겼다. 결석하는 학생이 있으면 다니는 학교를 찾아가 떡볶이를 사주면서 다음 주일에는 교회에 꼭 나오라고 했다. 그러면 신나게 먹으며 교회 출석을 다짐했다. 하지만 막상 다음 주일에 교회에 오지 않았다.

많이 속상했지만, 다음 날 하교시간에 또 학교를 찾아가 그런 아이들을 다시 만났다. 아이들은 천진난만한 표정으로 돌아오는 주일에는 꼭 가겠다고 또 약속했다. 기분이 풀린 광윤은 떡볶이를 실컷

먹이고 약속의 뜻으로 손바닥 복사에 팩스 보내는 동작까지 주고
받았다. 그래도 여전히 교회에 오지 않았다. 한 달 동안 찾아가고 속
기를 반복했던 것이다. 자존심 상하고 돈은 없어지고, 너무 억울하
다는 생각이 들어 나에게 전화한 것이었다. 그의 이야기를 들을 때
아픔이 느껴졌다. 그런 일은 목회할 때 가끔 겪는 일이기 때문이다.
상처를 입은 광윤이를 위로해주면서 이렇게 말했다.

"사과나무는 사과를 먹지 않는단다. 단지 사과라는 열매를 맺을
뿐이지. 그래도 사과나무는 실망하지 않고 최선을 다해 양분을 열
매에게 주는 거야. 우리도 나무처럼 최선을 다해 사랑하고 섬길 뿐
이고, 그 결실은 사과나무의 주인이신 하나님께서 가져가실 거야.
그러니 실망하지 말고 계속 섬기도록 하자."

광윤은 내 위로에 힘을 얻어 교사로서의 사역을 묵묵히 잘 감당
하고 있다.

○　　　**'노인과 전갈'**

　　　　　　오래 전 인도에서 매일 아침 일찍 강둑의 큰 나무 아래
에서 기도하는 노인이 있었다. 어느 날 아침, 기도를 마친 노인이 눈
을 떠 보니 전갈 한 마리가 급류에 밀려 떠내려 오고 있었다. 노인이
있는 강둑까지 흘러온 전갈은 강을 빠져나오려 안간힘을 썼지만 역
부족이었다. 그러자 노인은 물에 빠져드는 전갈을 구하려 팔을 뻗
었다. 하지만 전갈은 몸을 틀더니 꼬리의 바늘로 노인의 손을 사납

게 찔렀다. 노인은 본능적으로 손을 잡아 뺐다가 다시 한 번 전갈에 손을 뻗었다. 그러자 전갈은 또 다시 꼬리를 돌려 노인을 찔렀다. 노인의 얼굴은 고통으로 일그러졌다. 손이 붓고 피가 났다. 마침 지나가던 사람이 그런 노인을 보고 소리쳤다.

"이봐요, 어리석은 양반! 지금 뭐하는 겁니까? 무엇 때문에 저런 흉측한 것을 구하려고 목숨을 겁니까? 은혜도 모르는 걸 구하려다 당신이 죽으면 어떻게 하려고 그럽니까?"

그러자 노인은 그를 가만히 쳐다보며 말했다.

"침을 쏘는 것이 전갈의 본능이면, 전갈을 구해주는 것은 내 본능입니다."

전갈은 본능적으로 독침으로 공격한다. 자기를 돕고 살려주는 이까지 공격한다. 전갈의 본성이기 때문이다. 하나님의 영이 거하지 않는 사람은 죄의 본성이 지배한다. 깨뜨리고 훔치고 죽이는 죄의 본성이 그를 움직이는 것이다.

하지만 예수 심장이 그 안에 임한 사람은 본성 자체가 변하게 된다. 긍휼과 사랑이 새로운 본성이 되는 것이다. 어떤 경우를 만나도 본능적으로 사랑할 수 있는 힘과 용기를 갖게 된다.

엄마가 되면 누가 가르쳐주지 않아도, 자기를 희생해서라도 사랑하는 아기를 보호한다. 목숨까지도 바쳐 아기를 지키는 것이 본능이기 때문이다.

온전한 그리스도인이 되면 긍휼의 심장인 예수 심장이 작동하는 게 본능이 된다. 그 긍휼의 본능으로 인해 예수 그리스도께서 가지셨던 긍휼의 마음을 품게 되면, 다른 이에게도 그 긍휼이 흘러가게 된다. 그러므로 그리스도인이 주변에 선을 베푸는 것은 상대방이 좋은 태도를 보이기 때문만은 아니다. 상대방이 점차 개선되기 때문도 아니다. 나를 서운하게 하고 물질적 피해를 입히더라도, 때로는 전갈처럼 심각한 위해를 가하더라도, 여전히 조건 없이 사랑할 수 있는 것은 본성이 달라졌기 때문이다.

○ **소돔을 위한 아브라함의 도고**

〈창세기〉 18장에서 아브라함은 하늘에서 온 세 사람을 만나는 이야기가 나온다. 이 사람들은 아브라함에게 두 가지 소식을 전할 용무가 있었다. 하나는, 일 년 후에 아브라함의 아내 사라가 아들을 낳을 것이라는 소식이었다. 아브라함이 오랫동안 기다려온 아들을 주신다는 말을 들었을 때 얼마나 기쁘고 즐거웠을까?

하나님께서 아브라함을 부르실 때 언제 아들을 주시겠다고 분명하게 일자를 확정하지 않으셨고, 그 기다림이 24년 동안 이어져 왔기에 아브라함은 지친 상태였다. 그런데 드디어 하나님께서 일 년 후 아들을 주신다는 소식을 들었으니 그가 날 것처럼 춤을 추어도 이상하지 않았다. 하나님의 약속이 마침내 이루어질 것이니 크게 축하잔치를 열만한 기쁘고 복된 소식이었다.

하지만 아브라함은 그 기쁜 첫째 소식에 집중하지 못한다. 하나님이 소돔을 심판하려 하신다는 둘째 소식을 들었기 때문이었다.

아브라함은 소돔에 남겨진 조카 롯과 그의 가족들을 위해 기도한다. 아브라함의 기도는 아주 당돌했다. 의인을 악인과 함께 죽이심은 불가하며 의인과 악인을 균등히 여기심도 불가하다는 기도는 하나님께 항의하고 따지는 것 같았다. 세상을 심판하시는 이가 공의를 행하실 것인데, 이건 불공평하다며 하나님의 뜻을 감히 판단하는 것 같다.

소돔성에 의인 오십이 남아 있다면, 그 오십 명의 의인을 위해 소돔성을 용서하지 않으시겠느냐는 기도는 차라리 협상 같았다. 게다가 구원의 조건으로 처음에는 의인 50명이 있을 경우를 제안하지만, 아브라함은 자기 임의대로 그 파격적(!)인 조건조차 계속 '강제 할인'한다. 50명, 45명, 40명, 30명, 20명, 10명까지…. 당돌해 보이는 아브라함의 요청을 하나님께서는 기쁘게 받으셨다. 결국 아브라함의 헌신적인 기도 덕에 롯과 두 딸은 구원을 받게 되었다.

롯은 아브라함의 기도가 어울릴 만큼 선한 삶을 살지 않았다. 롯과 아브라함이 헤어질 때, 롯은 아브라함이 그동안 자기를 보호하고 지켜준 것에 대해 감사해서라도 땅을 선택할 우선순위를 아브라함에게 양보해야 했는데 그러지 않았다. 연장자를 존중하는 마음에서라도 아브라함을 먼저 배려해야 했을 텐데, 그러지도 않았다. 자기 이익에만 집중했다. 롯은 당장 자기 보기 좋은 대로 소돔과 고모라를 택했던 것이다.

소돔성에서도 롯과 그의 가족은 아브라함의 기도가 어울릴만큼 의로운 삶을 살지 못했다. 오히려 소돔의 문화에 물들어버렸고 소돔 사람과 구별되지 않는 삶을 살기도 했다. 그럼에도 불구하고 아브라함은 그들을 긍휼히 여기며 하나님 앞에서 최초로 흥정하는 듯한 기도를 드린 것이다. 그런데 그 긍휼의 기도는 놀라운 역사로 이어졌다. 롯과 그의 가족을 구원해주신 것이다. 이런 기도를 도고기도라고 한다(딤전 2:1). (중보기도라고도 하지만 여기서는 도고기도로 표현한다.) 도고기도는 아무나 하는 기도가 아니다. 하나님의 친구가 된 사람만 할 수 있다. 하나님은 성경에서 세 번이나 아브라함을 친구라고 하셨다.

> … 주께서 사랑하시는 (주의 벗) 아브라함의 자손에게 _역대하 20:7
> … 나의 벗 아브라함의 자손아 _이사야 41:8
> … 그는 하나님의 벗이라 칭함을 받았나니 _야고보서 2:23

아브라함이 하나님을 친구로 택한 것이 아니라 하나님이 아브라함을 친구로 택하신 것이다. 이보다 더 중요한 사실은 하나님이 아브라함만 택하여 친구로 삼으시지 않으신다는 것이다. 예수님께서는 제자들뿐 아니라 우리도 예수님의 친구라고 부르셨다.

> 이제부터는 너희를 종이라 하지 아니하리니 종은 주인이 하는 것을 알지 못함이라 너희를 친구라 하였노니 내가 내 아버지께 들은 것을 다 너희에게 알게 하였음이라 _요한복음 15:15

아브라함은 평생 기다려온 기도제목이 이루어지는 극적 순간에 자기 즐거움에만 도취되지 않았다. 자기 기쁨에 빠져 다른 사람의 아픔이 보이지 않는 경우는 일반적으로 쉽게 볼 수 있다. 자기 심장으로 살기 때문이다.

예수 심장의 사람은 자기의 즐거움에만 집중하지 않는다. 이웃의 아픔에도 동참한다. 자기에게 행한 대로 갚지 않고, 선으로 악을 이기는 긍휼의 삶을 산다. 우는 자들과 함께 울 수 있다. 이런 모습이 예수 심장의 진짜 능력이기 때문이다.

○ **모세의 기도**

모세가 시내 산에 올라가 40일간 금식하면서 하나님의 말씀인 율법을 받을 때, 산 아래에서 기다리던 백성이 반란을 일으켰다. 모세를 기다리지 못하고, 애굽 사람이 풍요의 신으로 숭배하는 우상을 본떠 황금송아지 우상을 만든 것이다. 그들은 여전히 하나님께서 내려주신 만나와 메추라기를 먹고 있으면서도 하나님을 떠난 것이다. 낮에는 구름기둥, 밤에는 불기둥 아래 있었으면서도 무언가 확실하게 눈에 보이고 손으로 잡을 수 있는 것을 원했다. 결국 그들은 애굽에서 익숙하게 보았던 송아지 우상을 만들어 섬기기로 결정했던 것이다. 황금송아지가 그들을 구원한 신이라면서 난잡한 파티까지 벌였다.

시내산에서 내려온 모세가 우상을 숭배하는 난장판을 보고 크게 분노한 나머지 하나님께서 직접 써주신 십계명 돌판을 깨뜨려 버렸다. 하나님의 말씀을 받을 만한 자격이 되지 않는다는 뜻이다. 모세는 하나님 앞에 범죄한 백성을 징계한다. 우상에 빠졌던 백성에게 황금송아지를 갈아 가루를 물에 타서 먹게 한다. 황금송아지는 갈면 갈아지고 물에 타서 마시면 그뿐인, 아무것도 아닌 우상이라는 뜻이다. 그리고 우상숭배에 연루된 3천 명을 처형한다.

그 후 모세가 하나님 앞에 나아가 백성을 위해 생명을 걸고 간절한 기도를 드린다. 3차례에 걸쳐 기도하는데, 특히 두 번째 기도에서 모세는 정말 놀라운 기도를 한다.

> 그러나 이제 그들의 죄를 사하시옵소서 그렇지 아니하시오면 원하건대 주께서 기록하신 책에서 내 이름을 지워 버려 주옵소서
>
> _출애굽기 32:32

이 모세의 기도는 예수님의 십자가 속죄를 미리 보여주는 기도로 평가받는다.

이스라엘 백성이 그들을 구원하고 인도하셨던 하나님을 배반하고 아무런 힘도 없는 황금송아지를 섬기는 현실을 보았을 때, 모세는 뜨거운 분노와 더불어 깊은 회의에 빠졌다. 하지만 모세는 그들을 측은하게 여겼으며, 그들이 하나님의 심판에서 벗어나 새로운 기회를 얻기를 바라게 되었다. 하지만 시내산에서 이스라엘 백성이 저지른 죄가 너무도 심각하기에 모세는 이제까지 드렸던 희생 제물

로는 이스라엘의 커다란 배반에 대한 하나님의 분노를 잠재우기는 역부족이라고 느꼈다. 염소와 소 같은 짐승의 피로는 이스라엘이 범한 죄를 없애기에 충분치 않다고 생각한 것이다. 이때 그의 머릿속을 스치는 한 가지 해결책은 이스라엘 백성의 구원을 위해 자신을 희생하는 것이었다. 그래서 자기 이름을 주께서 기록하신 책, 곧 구원을 상징하는 생명책에서 지워달라고 간구했다. 민족을 위해 목숨을 건 기도였다. 자기 생명과 민족의 죄사함을 바꿔달라는, 감히 상상할 수 없는 기도를 드린 것이다.

모세가 이런 기도를 드린 것은 이스라엘 백성이 그런 사랑을 받을 자격이 있었기 때문이 아니었다. 그들이 모세에게 감동을 주고 모세가 베푼 사랑에 충분히 감사를 표현했기 때문도 아니었다. 그들은 하나님의 놀라운 영광을 경험하고도 너무도 쉽게 하나님을 배신하는 수준 이하의 백성이었다. 하나님을 끝없이 원망하고 모세를 철저히 실망시키는 일을 지속적으로 저질렀다. 하나님의 복이 아니라 심판이 어울리는 백성이었다. 하지만 모세는 그들이 불쌍하여 영원한 천국에서의 삶조차 포기한 것이다.

세상 누구도 이해하지 못할 이런 사랑은 예수 심장에서만 나오는 것이다. 사랑은 모든 허물을 덮는다.

무엇보다도 뜨겁게 서로 사랑할지니 사랑은 허다한 죄를 덮느니라
_베드로전서 4:8

하나님의 사랑이 모세 안에 가득 채워질 때, 모세는 백성의 모든 허물을 덮고 그들을 위해 자기 생명과 영혼이 어떤 피해를 입더라도 그들을 사랑하여 희생을 자처한다. 이것이 진정한 도고(중보)다. 그리스도의 대속의 사랑과 같은 모세의 기도에 하나님은 속히 응답해주셨다. 하나님께서 자기 백성을 진멸하려 했던 생각을 바꾸신 것이다.

여호와께서 뜻을 돌이키사 말씀하신 화를 그 백성에게 내리지 아니하시니라 _출애굽기 32:14

○ 요셉의 긍휼

요셉은 의붓 형들 때문에 혹독한 고통을 받았다. 아버지의 명을 받들어 먼 곳에 간 형들을 찾아갔지만, 그들은 요셉을 탐탁치않게 여겼다. 구덩이에 빠뜨려 죽이려 했고 인신매매로 팔아버리기까지 했다. 이는 요셉이 감수성이 민감한 청소년 시기에 일어난 일이다. 맏형 르우벤이 이때를 회고하면서 "요셉이 살려달라고 할 때 우리 마음이 괴롭지 않았더냐"(창세기 42:21)고 말할 정도로 요셉에게는 무서운 기억이었다. 상상도 못할 충격적인 고통이 트라우마로 남아 요셉을 괴롭힐 수 있었지만, 신기하게도 요셉은 고통의 기억에 묶이지 않았다.

그로부터 20년이 지나 요셉은 지상에서 가장 막강한 권력을 가지게 되었다. 요셉의 형들은 기근을 해결하지 못해 구걸하는 신세로 요셉을 만났다.

극과 극의 반전 상태에서 형들을 만난 요셉은 일반 상식과 전혀 다르게 행동했다. 누가 보아도 당연한, 형들에 대한 보복을 하지 않은 것이다. 도리어 형들을 위로하며 형들과 그들의 자녀들을 기르겠다고 다짐했다. 그 말을 진심으로 받아들이지 못하는 형들을 수차례 설득까지 하며 자기의 진심을 보여주었다.

요셉의 태도는 보디발의 아내나 술 맡은 관원에게도 적용되었다. 요셉이 애굽의 총리가 되자 누가 가장 불안했을까? 요셉에게 호의를 입고도 2년간이나 그를 잊었던 술 맡은 관원은 정말 긴장했을 것이다. 요셉을 노예로 부렸고 바로의 감옥에 가두었던 보디발 또한 편하지 않았을 것이다. 그 누구보다 심란했던 이는 바로 보디발의 아내였을 것이다. 자기가 먼저 유혹해놓고 거부하는 요셉에게 뒤집어 씌워 감옥에 보낸 장본인이었기 때문이다. 그들은 요셉을 함부로 대했던 지난날을 후회했을 것이다. 당연히 보복을 두려워하고 하루하루가 불안했을 것이다. 이들에게 당한 수모를 갚는 것은 요셉에게는 특권 같았다. 그런데 요셉이 그들에게 보복했다는 기록이 없다. 그를 힘들게 했던 누구에게도 복수의 칼을 뽑지 않았다.

하나님은 복수의 칼을 휘두르는 사람을 결코 사용하시지 않는다. 그분이 사용하시는 사람 안에 복수의 불씨 하나라도 사라질 때까지 기다리신다. 하나님의 풍성하신 자비하심으로 흘러나오는 은총이 복수에 남용되기를 원치 않으시기 때문이다. 과거에 어떤 해악을 끼친 사람에게라도 저지른 대로 갚지 않고 긍휼히 여기는 것이 예수 심장의 사람이 살아가는 정상적인 모습이다.

"우리 부모가 우리의 유년시절을 행복하게 했듯이, 우리는 부모의 노년을 행복하게 해야 한다"라는 당연한 말에 동의하지 못하는 사람이 있다. 어린 시절에 부모로부터 보호받지 못하고 학대를 겪은 사람은 부모를 죽인 박한상처럼 냉정한 존재가 되기 쉽다.

참혹한 범죄를 저지른 사람들의 과거에는 거의 공통적으로 불행한 어린 시절이 있다. 범죄 심리 전문가인 프로파일러는 "아버지로부터 심한 폭력을 당하고 어머니로부터 모진 저주를 들으면 그 마음이 파괴돼 잔인한 폭력의 사람이 된다"고 분석한다. 그러나 예수 심장을 가진 사람은 상대방이 자기에게 한 대로 갚지 않는다. 치명적인 악을 행한 사람이라도 선으로 반응하고 섬기는 것이 예수 심장의 사람이다.

내 안에 심긴 예수 심장이
기적의 첫걸음이다

○   **전설이 시작될 때에 아무도 알지 못한다.**

1597년 당시 16살 소년이던 존은 자신이 리더인 그룹 '쿼리맨'을 이끌고 영국 리버풀 교외에 위치한 교회의 축제에서 공연하고 있었다. 그 공연을 지켜보던 15살짜리 소년 폴이 무대에 뛰어올라 즉석에서 기타를 연주했다. 폴의 연주가 마음에 든 존은 즉석에서 그를 쿼리맨에 가입시켰다. 16살의 소년은 존 레논이었으며, 15살의 소년은 폴 매카트니였다. 이들의 첫 공연은 현대 대중음악에 혁명을 일으켰다고 평가받는 '비틀스'(The Beatles)의 시작이었다. 대중음악의 전설이 시작되는 일이었지만 그때는 누구도 알지 못했다. 존과 폴도 물론 예상하지 못했다.

1976년 4월 1일, 허름한 차고에서 26세의 스티브와 21세의 또 다른 스티브가 함께 회사를 시작했다. 차고를 개조한 사무실이기에 회사라 하기도 민망할 정도의 작은 시작이었다. 그러나 회사는 승승장구했으며 세상 문명 역사를 획기적으로 바꾸는 놀라운 일을 연속적으로 이루어낸다. 그 두 명의 스티브는 워즈니악과 잡스였다. 한 입 베어 먹은 사과를 로고로 삼은 그 기업을 사람들은 '애플'(Apple)이라고 부른다. 전설이 시작될 때는 아무도 알아차리지 못한다. 두 스티브도 알지 못했다.

1963년 6월 6일, 미국 백악관에서 한 남자 고등학생이 당시 미국 대통령인 존 케네디를 만났다. 시골에서 힘겹게 살아가던 학생이었는데, 백악관 방문 프로그램에 당첨돼 참석했던 것이다. 친아버지는 그가 어머니 뱃속에 있을 때 비 오는 날 고속도로에서 사고로 죽었다. 어머니는 그가 태어나기 직전에 재혼했는데, 양아버지는 굉장히 폭력적이어서 그에게 미래는 전혀 없었다. 그러나 케네디 대통령을 만나는 순간, 소년은 살아갈 목표를 발견했다. 감히 미국의 대통령이 되겠다는 꿈을 꾼 것이었다. 꿈과 현실은 너무도 거리가 멀었다. 그러나 그로부터 30년 후인 1993년 1월 20일, 그 소년은 미국의 42대 대통령으로 취임한다. 소년의 이름은 빌 클린턴이다. 전설이 시작될 때는 예측하기 어렵다.

환경이 모든 걸 결정한다고 믿는 환경결정론자는 인간의 힘으로 할 수 있는 것이 그렇게 많지 않다고 생각한다. 사실상 계급제가 지배하는 사회에서는 현재 주어진 상황이 앞으로의 미래라고 단정한다. 이런 생각에 갇혀버려 스스로를 자학하며 자포자기하며 살아가게 된다. 미래에 대한 소망 없이 향락에 자기를 방치하기도 한다.

하지만 예수 심장을 가진 사람은, 앞에 소개한 특별한 몇몇 사람들처럼 누구도 상상하지 못한 놀라운 삶을 살 수 있다. 자기 노력이나 수고가 아니라, 그 안에서 약동하는 예수 심장의 능력으로 누구도 예측할 수 없는 열매를 거두는 것이다. 우리가 만나는 어떤 상황보다 예수 심장은 강하기 때문이다.

○　　**탁월하신 하나님을 경험하라**

바로 왕이 꾸었던 기이한 꿈을 아무도 해석하지 못했다. 당대 최고의 석학들도 바로의 꿈을 풀 엄두를 내지 못했다. 그때 요셉은 감옥에 갇힌 죄수였다. 아무도 해석하지 못하는 바로의 꿈이 앞으로 다가올 엄청난 기근에 대한 예고라고 요셉은 정확하게 해석해주었다. 이 문제에 확실한 대안까지 제시했다. 7년간의 풍년에 도덕적으로 해이해지지 않도록 곡식을 보존하여 닥쳐올 기근까지 대비하게 한 것이다. 진짜 실력은 문제를 해결하는 능력이다. 이런 요셉을 보고 바로는 이렇게 탁월한 인재를 어디에서 구할 것이냐고 극찬했다.

바로가 그의 신하들에게 이르되 이와 같이 하나님의 영에 감동된 사

람을 우리가 어찌 찾을 수 있으리요 하고 _창세기 41:38

바벨론으로 끌려간 다니엘에게는 조금의 소망도 없었다. 조국을
멸망시킨 나라에 노예로 끌려갔기 때문이었다. 바벨론에서 다니엘
과 세 친구에게 주어진 과제는 그들에게 매우 낯선 바벨론의 언어
와 문화를 익히는 것이었다.

당시 세계에서 가장 앞섰던 바벨론의 문명과 바벨론 사람들의 텃
세는 어린 소년들이 상대하기에 너무도 가혹했다. 다니엘은 그런
바벨론 사람이 섬기는 우상의 사상과 가치관을 교육받았다. 게다
가 그 궁중에서 다니엘과 세 친구가 상대했던 이들은 '금수저' 수준
을 넘어선 '슈퍼 플래티넘 숟가락'들이었다. 왕족과 귀족의 자제들
과 전세계에서 몰려든 엘리트들은 다니엘과 세 친구가 맞서 경쟁하
기엔 너무 벅찬 존재들이었다. 하지만 다니엘과 세 친구들은 그 모
든 라이벌을 이긴다. 간신히 이기는 것이 아니라 압도적으로 이긴
다. 우선 외모부터 다른 사람들을 압도했다. 영양가 높은 왕의 진미
와 포도주를 먹은 이들에 비해 채소와 물을 먹었던 다니엘과 세 친
구들의 외모는 비교할 수 없을 만큼 뛰어났다.

열흘 후에 그들의 얼굴이 더욱 아름답고 살이 더욱 윤택하여 왕의 음
식을 먹는 다른 소년들보다 더 좋아 보인지라 _다니엘 1:15

학업에서도 다니엘과 세 친구들은 누구도 따라갈 수 없는 월등함을 보였다.

> 하나님이 이 네 소년에게 학문을 주시고 모든 서적을 깨닫게 하시고
> 지혜를 주셨으니 다니엘은 또 모든 환상과 꿈을 깨달아 알더라
> _다니엘 1:17

순발력과 대처능력에서도 다니엘과 세 친구는 탁월했다. 바벨론의 황제가 훈련받은 청년들을 불러서 질문할 때 다니엘의 지혜와 총명은 당대 어떤 학자나 전문가보다 뛰어났다.

> 왕이 그들에게 모든 일을 묻는 중에 그 지혜와 총명이 온 나라 박수와
> 술객보다 십 배나 나은 줄을 아니라_다니엘 1:20

이는 다니엘과 세 친구들이 다른 라이벌보다 더욱 노력하고 수고했기 때문만은 아니다. 다니엘과 세 친구의 탁월한 능력은 하나님께서 주신 것이었다.

다니엘의 하나님은 과거 바벨론 시대에만 존재하신 분이 아니시다. 다니엘의 하나님은 모든 시대와 세대에서 하나님의 자녀를 지키시고 보호하신다.

요셉의 하나님이 다니엘의 하나님이신 것처럼, 그 하나님은 오늘

우리의 하나님이 되신다. 다니엘과 요셉이 가장 밑바닥에서도 하나님께서 결국 이기게 하셨듯이, 하나님은 지금 우리가 어떤 상황에 처해 있든지 결국 우리를 이기게 하신다.

우리에게 가장 필요한 좋은 것은 사람이 주는 것이 아니다. 세상에서 오는 것도 아니다. 모두 하나님께로부터 내려온 것이다.

온갖 좋은 은사와 온전한 선물이 다 위로부터 빛들의 아버지께로부터 내려오나니 그는 변함도 없으시고 회전하는 그림자도 없으시니라_야고보서 1:17

세상을 이길 유일한 능력인 하나님의 은혜가 함께할 때, 다니엘과 세 친구와 요셉, 그리고 수많은 믿음의 사람들은 어떤 불리한 상황에서도 완벽한 승리를 거두었다. 지금 내 상황이 불리하고 삶이 변할 가능성이 전혀 없어 보여도, 예수 심장이 내 안에 있다면 나는 얼마든지 극복하게 된다.

예수 심장이 있는 사람은 어떤 사나운 폭력의 사람도 예수의 사랑으로 섬길 수 있다. 예수 심장이 작동하는 사람은 어떤 절망의 상황에서도 묵묵히 가야 할 길을 걸어간다. 예수 심장이 힘차게 박동하는 사람은 어떤 불리한 여건 속에서도 감사하고 기뻐하며 주변을 천국으로 변화시킨다. 예수 심장에 의해 움직이는 사람은 다른 이는 결코 상상할 수 없는 새로운 관점으로 세상을 바라보게 된다. 예수 심장이 그 안에 들어올 때, 지금까지 한 번도 경험하지 못한 새로운 역사가 일어날 것이다.

○ 우리에게 정말 필요한 것은

사도 바울의 심장이 예수 심장으로 변화한 곳은 은혜로운 집회 장소가 아니었다. 다메섹으로 원정 살인을 하러 가는 길이었다. 그 여로에서 전혀 예측하지 못했던 예수님을 만났던 것이다. 예수 심장으로 전환되는 순간은 그렇게 예고편 없이 느닷없이 이루어질 수도 있다. 어떤 경우, 주변 사람은 물론 자신조차 알지 못하는 순간에 이런 역사가 일어나기도 한다. 그 순간은 삶의 모든 것이 획기적으로 변하는 변곡점이 된다.

예수 심장의 사람은 가능성으로 살아가지 않는다. 그리스도인은 확률에 의해 살아가는 사람이 아니다. 나에게 유리한 것이 전혀 없는 상황에서, 나를 절망하게 하는 것이 무엇이든, 눈물 나게 하는 일이 얼마나 혹독하든, 내 안의 예수 심장은 모든 것을 넘어가고 이기게 한다. 그러므로 그 어떤 상황 속에서 예수 심장이 내 안에서 작동되기를 기대하자.

현재 상황이 좋아지지 않는다고 결코 절망하지 말라. 어제보다 오늘이, 작년보다 올해가, 10년 전보다 지금이 나아지지 않았다고 포기해서도 안 된다. 지금까지 살아온 평생 아무런 개선이 일어나지 않았다 해도 상관없다. 예수 심장으로 살아갈 날이 완전히 역전시켜버릴 것이다.

약하고 모자란 나의 심장 대신 예수 심장이 내 안에서 작동하면 나의 변화로만 끝나지 않는다. 주변 사람의 낡은 심장도 예수 심장으로 변화시킨다. 예수 심장의 피는 주변을 신속하게 전염시키는 강력한 능력이 있기 때문이다. 그리하여 주변 사람도 이전의 삶과는 전혀 다른, 새롭게 구별된 삶을 살아가게 된다. 그것이 예수 심장을 품은 내가 속한 교회의 진정한 능력이다.

초대교회 성도는 인간 역사상 단 한 번도 없었던 새로운 공동체를 경험했다. 인간의 삶에 죄가 들어온 후, 자기 이익을 위해 다른 이를 희생시키는 제국주의적인 삶이 지배해왔다. 그러나 예수 심장으로 변화된 사람들이 타인을 위해 자기 가진 것을 기꺼이 나누어주며, 신분이 다른 사람까지 한 지체로 받아들이고 섬기기 시작했다.

예수 심장에 붙들린 그리스도인은 그동안 살아온 삶의 방식을 청산하고 이전과 완전히 다르게 살기 시작했다. 변화된 모습은 주변 사람들에게 놀라운 도전을 주었으며 거룩한 길에 동참시켰다. 예수 심장은 단지 자기 자신만 살리는 것이 아니다. 주변 모든 사람과 나아가 나라까지 바꾸는 특별한 능력이 된다. 그러므로 우리에게 정말 필요한 것은 결국 예수 심장이다.

○　　　　**나의 심장을 드립니다, 신속히, 영원히!**

　　제네바에서 칼빈이 종교개혁을 할 때 이렇게 서원했다. "나의 심장을 드립니다! 신속히 그리고 영원히."

　지금까지 살아오면서 망가지고 깨지고 상처난 나의 심장으로는 앞으로 펼쳐질 삶의 무게를 지탱하기 어렵다. 하루 속히 나의 심장을 주님께 올려 드리고, 내 안에 예수 심장을 장착해야 한다. 예수 심장이 내 안에 장착되면서부터 비로소 진짜 인생이 시작된다.

　예수 심장을 가진 사람들이 더불어 뿜어내는 예수 그리스도의 보혈이 이 땅에 흐르면서 하나님의 나라가 완성될 것이다. 나와 우리와 세상을 새롭게 하는 예수 심장이 우리 모두에게 새롭게 박동하기를 진심으로 축복한다.

　다시 뛰어라, 예수 심장! 비트 어게인, 예수 심장(Beat Again, Jesus Heart)!

후
기

한 권의 책이 탄생하기까지 많은 분들의 도움을 받게 되었다.

늘 기도하며 응원해주시는 행복나눔교회 성도와 한결같이 응원해주시는 부모님과 가족에게 감사드린다.

이 책을 기획하고 섬겨주신 아르카 출판사에 깊은 감사드린다. 아울러 항상 격려해주시시는 코스타국제본부의 유임근 목사님과 관계자들에게 감사한다.

예수 심장에 의지하여 어려운 환경 속에서도 사역을 감당하는 청소년 사역자들, 찬양 사역자들과 문화사역자들, 그리고 이 땅의 다음 시대를 책임질 새벽이슬 같은 다음세대에게 이 책을 바친다.